什麼是真正的朋友

友だちってなんだろう？
ひとりになる勇気、人とつながる力

U0004333

〈全民教育家〉齋藤孝——著
賴惠鈴——譯

—前言—

從思考「朋友」的定義，了解如何與他人相處

這本書能夠減輕在人際關係上的不安或煩惱，幫助大家建立沒有壓力的友誼。大人也很適合讀，不過尤其希望有許多交友煩惱的國中、高中生來看，所以內容會偏重於給青少年。

我想透過這本書告訴大家：**「看起來很複雜的交友問題，只要退後一步來看，其實很簡單。」**

當你內心有煩惱時，很容易覺得當下發生的事情，是會左右整個人生的大問題。

當與朋友處得不好時，會覺得自己被全世界否定、沒有人喜歡自己。

然而，事實並非如此。

「朋友」只是生活中各種人際關係的一部分，即使彼此的關係稍有變動，也不至於成為威脅到整個人生的問題。

為了避免只看到眼前的問題、像是近視般的狀況，需要一顆平靜安穩的心，這與「思緒的整理能力」有很大的關係。

只要能夠整理複雜的問題，並冷靜地看待事情，就不會手足無措地被不安給擊潰。

保持思緒清晰的方法之一，就是確實地掌握每句話的含意。**對詞語有明確的定義，就能整理思緒，也更容易看見事物的本質**。

因此，對於「什麼是真正的朋友」？我想給予這樣的定義：

「朋友是在一起的時候很開心，能讓人露出笑容、變得有活力的存在。」

快快樂樂地相處，帶給我們開朗的心情與希望。

所謂朋友，光是這樣就夠了，不是嗎？

人之所以會煩惱、痛苦，是因為勉強自己與感情其實沒那麼好、相處起來其實也沒那麼開心、無法讓自己露出笑容的朋友相處。

那種關係不是相處，而是「捆綁」，綁住你的心，干擾你自由自在的行動。就算有再多朋友，只要他們無法讓你露出笑容，就無法構成幸福的友誼。

明明在一起還是會不安、明明在一起卻感到寂寞，正是因為一味追求徒有形式的關係。其實，你已經意識到這一點了。

整理思緒，重新審視友誼的本質，就能擺脫名為「朋友」的魔咒。

書中將從三個角度帶大家重新思考關於朋友的種種：朋友是什麼？如何建立良好的友誼？什麼是友誼的本質？

由於 Covid-19 的關係，與人相處的方法必須重新下點工夫，在本書的第七章，將為大家介紹如何縮短彼此之間心的距離，來度過這個屬於特殊社交距離的時代。

不用和每個人都變成朋友，只要和能讓自己露出笑容、相處愉快的人交朋友就好了。

不過，同時也要磨練與人相處的技巧，就算面對無法讓你露出笑容、相處愉快的人，也要和平共處，不要互相攻擊或傷害對方。

希望大家都能調整對「朋友」的認知，當你思緒清楚、心靈平靜，就能培養成熟的人際關係技巧，確實地提升生活的幸福感。

第二章

合得來的朋友，都有共同的喜好

第三章 培養獨處的勇氣

第四章

你不難相處，但朋友為什麼留不住？

第五章

有些關係，要堅決說「NO！」

第六章

和朋友好好相處的重點

第七章

縮短心靈距離的互動技巧

第一章

沒有常常在一起，還算是朋友嗎？

為什麼需要朋友呢？

問你們喔，人需要朋友嗎？

「當然啊！」

「沒有朋友的人生也太寂寞了吧！」

想必可以聽見這樣此起彼落、大聲的回答。

那麼，再問你們一個問題：

「為什麼需要朋友呢？」

「因為人類無法獨自生存。」

「為了互相支持、互相幫助。」

或許，也有人「從沒想過這件事耶……」。

我是這麼想的：需不需要朋友，每個人想法不同，也因人生經歷的時期、年齡而有所不同。

長大以後勢必會有認為工作、男女朋友、家人比朋友重要的時期，覺得「我不需要朋友」的人也愈來愈多。

不過，在孩提時期以及從國中升高中的時候，朋友是不可或缺的存在。

為什麼這麼說？

與其說是「需要朋友」，不如說是需要「交朋友的行為與行動」。

各位一定也認同，與朋友相處時並非只有快樂的一面，有時候會覺得麻煩，有時候也會發生不愉快的事。

在這種情況下，就必須努力學習如何與他人建立關係、和平共處。透過與朋友相處，練習在社會上為了生存而必要的人際關係。

年紀愈大、愈難維持友誼

為什麼升上國中後，交友的煩惱會愈來愈多？

那是因為你們已經長大，不是孩子了。

不只身體成長，大腦也逐漸成熟、具有思考的能力，與他人的關係也隨之改變。

首先是，不再像孩提時期那麼容易交到朋友。年幼的孩子跟誰都能馬上變成朋友，光是在一起玩，就已經認定彼此是朋友了。

低年級的小學生也還處於這種時期，因此只要稍微有機會講話，很容易就能變成好朋友，交朋友的門檻非常低。

我剛上小學時，第一個交到的朋友是鈴木同學。變成好朋友的原因非常簡單，只是因為班上照名字排座位，我姓齋藤（SAITO），他姓鈴木（SUZUKI），我們的位置一前一後。每天一起回家，也會邀請對方來參加自己的慶生會。

在小學的時候，只要有一點機會交流，就很容易變成朋友，我也交了許多朋友。

大家在小學低年級的時候，身邊想必都有許多可以稱得上是「朋友」的人吧！

然而，隨著大腦的發育，大約從十歲開始就會產生自我意識，對自己與他人的意識日益增強。

開始思考「自己是什麼」？在意起性格及長相。

也會開始強烈地意識到「他人的眼光」，對於「別人怎麼看待自己」非常敏感，變得非常在意周圍的看法，在意得不得了。

會開始比較自己與他人，也會產生羨慕別人、嫉妒別人或想強調自己比較優越的心情。

複雜的情緒在心裡交錯，友誼也變得不再單純。

對朋友的期待，也會發生變化，**會開始追求一些內在的東西，像是希望能聊得來、希望能有共鳴等等。**

對於自己感興趣或喜歡的事物，如果能有嗜好相同的朋友一定會很開心，可以聊上三天三夜還意猶未盡。

我記得自己還是國中生的時候，明明已經在學校講了很多話，卻覺得怎麼都聊不夠，放學回家的路上還站在路邊繼續聊天。

這時候，也會想讓朋友傾聽自己的煩惱。小學生的時候，如果有什麼煩惱，通常是向父母傾訴。

可是上了國中，開始不願意告訴父母自己的心事，覺得父母很難溝通，尤其是有喜歡的人或關於性方面的事，更不想讓父母知道，**只想跟互相理解的友人訴說、與他們分享自己的心情。**

問題是，心意相通的朋友並不是那麼容易就能交到。

大家還不習慣成熟的相處方式

如同你有你的各種想法、情緒，對方也有他們的各種想法和情緒，不會照你所想的去做。

訊息明明顯示已讀，卻遲遲收不到回覆，「怎麼會這樣？」為此感到心煩意亂而陷入不安。

原本以為是好朋友的人突然變得冷淡，看到他跟別人有說有笑的模樣，感覺很孤單。

大家約好一起去玩的時候，只要一次沒去，就會受到冷落與排擠。明明已經告訴他們，自己是因為有事才不能去的啊！

只要有一點點風吹草動，情緒就會出現裂痕，內心掀起波瀾。

在這種情況下，不知道該怎麼讓自己的心情平復下來。

即使已經一腳踏進大人的世界，但終究還是人際交往這條路上的「初學者」。

在自己與他人之間，到底該怎麼辦才好呢？

各位還不熟悉成熟的相處方式，因為彼此都還不成熟，很容易在情緒不穩定時，直接把當下的情緒宣洩在對方身上，就很容易發生摩擦。

無法考慮到對方的心情，一不小心就傷害了對方，也因為彼此都還不夠成熟，處得不好也是很正常的事。

只要累積經驗，就能漸漸地成熟起來。就像操作智慧型手機、電腦、遊戲機或是樂器，初學者都需要時間摸索，但只要一直練習，習慣以後就會熟練。

只要做出各種努力，習慣之後自然就會遊刃有餘。不管是與朋友、還是與其他人相處，都是相同的道理。

只不過，初學者千萬不要因為「害怕失敗」而失去想努力練習的心情。若是不累積經驗，自然不會習慣，永遠都會處於初學者的狀態。

雖然周圍的人跟你都是初學者，但請努力練習，讓自己儘快習慣並早日擺脫不習慣的狀況。

當你長大以後，如果周圍的人都能用成熟的方式來溝通，卻只有你一個人還不成熟的話，很可能會讓大家敬而遠之。

雖然大家不會挑明地說：「你怎麼還像個孩子一樣！」

假如與朋友之間發生不愉快的事，要不要換個想法，刻意以比較輕鬆的感覺來面對呢？

「這是提升經驗值的機會！」

「只要能克服這個難關，是不是就能為自己加分了？」

不用太過於煩惱，只要理解到對方也是因為還不成熟才會這樣，隨著你的經驗值不斷增加，就比較不容易因此受到打擊，就能夠想到「哦，原來是這麼回事啊！」

有時候也會明白，「像這種情況，可以這樣處理」，提升人際關係的基礎能力之後，自己也會變得很輕鬆。

當然，如果是惡意的霸凌就另當別論了，應該請第三者、最好是大人幫忙處理。

別人要怎麼做，是你無法控制的課題

對於「就算要我別太煩惱，但我還是很在意」的人，我想推薦心理學家阿德勒的思考方式。

超級暢銷書《被討厭的勇氣[1]》是以對話的方式呈現阿德勒的思想，專業的書籍內容，以對話的方式能夠變得具體、也更容易理解。

阿德勒說：

「所有人際關係的紛紛擾擾，都是因為一腳踩進別人的課題裡，或是別人闖進自己的課題裡所引起的。」

「別人的課題」，是那個人的問題，其他人無能為力。

「自己的課題」，是可以靠自己想辦法、努力就能解決的問題。

阿德勒要讀者像這樣學會「課題分離」，區分成自己能控制的事與不能控制的事，不能控制的事、就不要煩惱，這就是重點所在。

舉例來說，明明你什麼都沒變，原本感情很好的朋友卻突然變得冷淡。改變態度的是對方，這是「別人的課題」，再怎麼煩惱「我到底做錯了什麼？我到底哪裡不好？」都無法改變。

因此，你可以告訴自己：「這不是我能夠控制的事情。」

你應該思考的是自己的課題，像是在這種情況下該如何應對、思考自己能做些什麼。

也許可以稍微拉開一點距離，觀察一下狀況。

對方的態度雖然很冷淡，依舊是自己珍貴的朋友，或許也可以告訴自己

「就跟以前一樣親切地向他打招呼，就算他不理我也沒關係」；也可以不要執著於那個人，多跟其他朋友說話。

你只要專心處理自己的問題，思考自己能做些什麼就好了。這麼一來，情況一定會有所改變，或許能重修舊好，也或許能交到新朋友。

重要的是專注在自己的課題上，思考自己想怎麼做，並為此採取行動。

1 岸見一郎、古賀史健著，葉小燕翻譯，究竟出版。

沒必要和每個人都交好

「大家都是朋友、要跟大家打好關係」——從小，父母或老師是不是經常這樣教我們？

那是為了要讓年幼的小朋友知道不能歧視別人，要跟所有人都能和樂融融地打成一片，才會這樣教育我們。

聽到這句話，尚未發展出個人性格與自主性的孩子們，會乖乖努力地跟大家打好關係、跟大家當好朋友。

然而，到了國中的年紀，孩子就不再這麼單純了，即使告訴他們要把每個同學都當成朋友，好好相處，他們也聽不進去。

他們會開始感受到，「大家都是好朋友」並不是一件容易的事。

因為他們不是小孩了，已經開始進入大人的世界，所以不會像小時候一樣，被「大家都是朋友、大家都很要好」的觀念所束縛。

不一定要大家都很好也沒關係，「朋友」是在一起很開心的人、心意相通的人。

不過，一定要提醒自己，就算是無法成為朋友的人，也不要互相傷害，要建立起和諧的關係。

因此「與志同道合的人相處」的能力和「與合不來的人也能和平共處」的能力，兩者同等重要。

升上國中後，能這樣隨時切換自己的心態是最好的方式。

社會學家菅野仁先生寫了一本書，名叫《朋友這種幻想：社會學家教你不被人際關係困擾的八堂課[2]》。

雖然是十多年前出版的書，但經由又吉直樹先生在電視節目上的介紹，引起廣大回響，再次受到世人矚目，許多人都買來看。

遺憾的是作者菅野先生在二〇一六年過世了，但這本書的內容很仔細地說明充斥在青少年友誼之間、那股躁動不安的情緒究竟是從何而來。

菅野先生在這本書裡提到：「和誰都能變成好朋友、都能相處融洽是種幻想。」

我也有同感，不可能跟所有人都變成朋友；就算是這樣，也沒關係。

2 李彥樺翻譯，究竟出版。

朋友的「數量」沒有意義

我發現最近有個趨勢，那就是「朋友」這個詞被美化過頭、變得太過重要了。

太過強調「朋友很重要、友情很美好」，大家都被這個趨勢所左右，像是世上充斥著朋友要愈多愈好的氛圍，我反而覺得這個風潮好危險。

大家開始意識到朋友的「數量」，是因為社群媒體的影響。

社群網站的朋友關係，是用數字明確地顯示出數量，數量愈多，愈容易得到「你人緣好好」的稱讚。

然而，數量的多寡並不能代表友誼的美好程度。

話說回來，世上哪有這種「提出申請，對方同意才算朋友」的關係啊？一旦覺得不喜歡對方了，只要按下一個按鈕，就能單方面解除與對方的關係，這種關係未免也太淡薄了。

有時候根本不知道對方的真實姓名，甚至不曉得是不是真的有這個人，就跟對方是朋友了，所以才會發生許多讓未成年人身陷險境的憾事。

「朋友的朋友」也是朋友嗎？

當然不是呀！怎麼可能！

「朋友的朋友」就只是陌生人，千萬別被甜言蜜語給唬弄過去了。

真正被許多人喜愛、崇拜、有很多朋友的人，才不會驕傲的炫耀自己有多少朋友。

重點並不是有多少朋友，而是彼此建立的關係有多好。

「死黨」這個詞也太沉重了，也是很危險的字眼。

問一百個人死黨是什麼？從哪裡開始算是死黨？大概有一百個人都答不出來，因為這完全是感受上的問題。

儘管如此，還是有許多人認為有死黨是一件好事、很棒。

如果你說「我沒有死黨」，可能會讓人覺得這個人居然沒有可以聊真心話的人，是不是做人有什麼問題？

「我以為我們是死黨，但卻被背叛了。」

沒錯！正因為認為對方是死黨，在眾多朋友中為對方留了一個特別的位置，一旦有什麼誤會，就會覺得更受傷，無法原諒對方。

既然如此，一開始就不要認為對方是死黨反而更幸福呢！不要認為一定非要有死黨不可。

讓你開心地笑、打起精神

——這就是朋友

希望各位不要被「朋友」這個模糊不清的形象所迷惑，一旦陷入朋友愈多愈好的迷思裡，就會羨慕有很多朋友的人，甚至覺得自己沒什麼朋友、好丟臉。

不僅如此，還會陷入「沒有朋友好悲慘、不想被別人知道自己沒朋友」的想法裡。

這麼一來，肯定會非常害怕「沒有朋友、總是自己一個人」吧！也因為有這樣的恐懼，對於即使感情不算非常好的朋友、也勉強和對方保持聯繫。

我將那些對於交友關係感到焦慮的人，稱為「沒有朋友就會不安症候群」，這是指過度害怕沒有朋友，為此擔心的「心理習慣」。

這樣的人無法擺脫以下的心魔：

- 不與人產生連結就會不安。
- 不想被討厭。
- 害怕孤單一個人。

因此會頻繁地檢查社群網站、片刻不離手，為了繼續成為團體中的一員，無論做什麼事、去哪裡都一起行動。

但是，這真的是快樂的友誼關係嗎？

被「不能沒有朋友、要是沒有朋友，自己就沒有容身之處」的執著所困擾，忘了友誼真正的意義。

「朋友，是在一起的時候很開心，能讓人露出笑容、變得有活力的存在。」

這樣已經很好了，對嗎？

輕鬆地、簡單地定義「朋友」，如何？

如果在一起的時候不能由衷感到快樂、無法露出笑容、甚至感到內耗，那就不是朋友，不需要勉強自己和這樣的人當朋友。

但我的意思不是叫你跟那個人絕交喔！剛才講過要用兩種模式適當地切換與朋友相處的心態。

・與志同道合的朋友，建立深厚的友誼。

・與無法變成朋友的人，也要建立和諧的關係。

即使無法變成志同道合的朋友，只要保持君子之交淡如水的距離，保持「比認識的人更親近、但還不到朋友的程度」即可。

當你被「不可以沒有朋友」的心魔所困時，只要改變一下相處的密切程度，心情就會截然不同。

學會和合不來的人好好相處

「找到志同道合的朋友」和「與合不來的人也能相處愉快」，是兩種模式的交友力。

事實上，「與合不來的人也能相處愉快」的能力，比「找到志同道合的朋友」更重要，這正是在校園生活中應該培養的能力。

你們有受教育的權利，不過在課堂上學習的科目只是教育的一部分，更重要的還有為了培養長大成人、擁有堅強又聰明活下去的能力。

能跟合不來的人好好相處，也是必要的「生存能力」。只要能與其他人建立良好的關係、同心協力、互相幫忙，就能活得輕鬆許多。

因此，我們必須透過接觸不同的人、面對各式各樣的狀況，來反覆練習與人相處的方法。

在學校，可以練習即使不喜歡對方也不要硬碰硬、不要互相傷害，能夠平心靜氣地交流，並在必要的時候互助合作。

學校是練習「與人相處」的地方，也是學習與他人保持距離及人際關係的地方。

為何要重新編班呢？

這是為了教會孩子們，當環境改變時要如何適應新環境、怎麼交到新朋友，校園生活可以說是能經歷人際關係微妙之處的「小型迷你社會」。

為什麼我要強調「建立與任何人都能和平共處的關係」呢？這是因為我年輕的時候，有非常慘痛的失敗經驗。

我直到高中畢業前，都有很多好朋友，從未煩惱過交友關係。

我的家族成員很多，家裡經常有人進進出出、十分熱鬧，隨時都有許多人陪伴。

直到我大學落榜準備重考，開始獨自在東京生活時，因為環境變化過於劇烈變得十分焦慮，也因此有點鑽牛角尖。

即使考上大學，我也會說出批評他人、嚴厲的話，讓他們感到壓力。

當時我以為敢說敢言、坦率地說出自己的想法是正確的。以為自己只是實話實說，並沒有惡意，這才是誠實面對對方的態度。

結果呢？

身邊的人紛紛離我而去，大家聚會時也不會找我，那段時間我陷入深深的孤獨，感覺無依無靠。

當時的我，沒有意識到「別讓對方感到不愉快」，是與人相處時非常重

要的一環。

即使是誠實的意見，也要小心不能傷害對方、否定對方；只可惜，當時的我並沒有做到這一點。

因為缺少與人好好相處的能力，我在二十幾歲時過得非常失敗。

能體諒他人的心情、與人們建立和諧的關係，這在人際關係中來說比任何事都來得重要。

如果不好好練習這點，肯定會反過來影響自己，留下痛苦不堪的回憶。

如何成為「令人想再見面」的人？

大家想怎麼與人相處呢？

人與人的相處關鍵，在於想不想跟對方多聊一點、想不想跟對方相處久一點。**因此，最重要的就是即使是跟自己合不來的人相處，也不要與對方針鋒相對**。

尤其是以後在工作上遇到的人，要是初次見面就與對方發生衝突、還辯得面紅耳赤，那一瞬間就註定後會無期了。

不僅無法讓對方有想跟你一起工作的念頭，對方也絕不會想把你介紹給別人。

長大後需要的溝通能力，並不是可以結交許多好朋友，而是在與不同的人相處時，都能建立良好的關係。

與人相處融洽，是一輩子都需要的軟能力。

無論是在工作上，還是談戀愛、結婚、組成家庭，全都必須要與他人建立關係。

無論從事哪種工作、**過什麼樣的生活，都需要與人交際的能力**，在現實的社會裡，很難相處的人會被敬而遠之。

友誼也是如此。

讓對方覺得還想再跟你說話，是非常重要的關鍵，否則就不會再有下次。

能不能聊得更深入、能不能推心置腹地談話，這會關係到之後的發展，如果無法讓對方覺得「還想再見到你、還想再跟你說話」，關係就無法再更進一步。

重點在於與任何人都能和諧相處的能力，千萬別忘了。

希望你們能及早了解到這一點，所謂朋友，並不是毫不保留地與對方相處。重要的是要思考該怎麼做、才能讓對方想跟自己在一起，並成為那樣的自己。

朋友會隨著時間而改變

友誼，其實是流動的關係，只要環境或情況有所改變，與朋友的關係也會產生變化。

「要一直當好朋友喔！」就算這麼說，只要重新編班分到不同的班級，就無法再跟以前一樣常常玩在一起。

如果考上不同的學校，見面的機會也會減少，在各自所處的環境中交到新朋友也是很自然的事，**友誼會隨著時間和情況的變化而改變**。

回顧我自己的學生時代，有些朋友在當時雖然沒那麼親密，出社會以後反而很合得來，變得經常見面。

長大成人後，從事何種工作、是保持單身還是結婚有了家庭，都會影響到交朋友的難易度。

國高中的時候，很容易把全部的注意力都放在現在的自己身上，但友誼並非當下的一切。

因此，無論是現在與朋友處不好而感覺很痛苦的人，或是很難交到朋友而感到煩惱的人，請記住：這個狀態並不會永遠持續下去。

舉例來說，在人際關係裡使壞、排擠同學的情況，最常發生在國中時期，上了高中就會大幅減少。

一旦成為大學生，大家選修的科目都不一樣，不會再和同一群朋友同進同出，而是在更多人的包圍下度過。

當產生變化的時候，就是建立新人際關係的契機。

不過，曾經被交友關係傷害過的人，會很害怕跟別人處不好、會不會又留下慘痛的回憶，很容易對人際關係失去自信。

因為缺乏自信而容易產生負面情緒，結果又重蹈覆轍，千萬不要把人際關係視為自己的弱點。

那麼，該怎麼做才能對自己有信心呢？我建議大家可以專注於自己喜歡的事物。

想建立自信，就要專注在興趣上

為什麼專注於自己喜歡的事物能夠增加自信，有助於人際關係呢？專注於喜歡的事物時，就算只有自己一個人，也不會覺得寂寞。

即使是煩惱與朋友處不好的人，只要有能全心投入的事物，那段時間就會過得很充實而愉快，不太會感覺到焦慮或孤獨。

有些人還沒有找到能夠沉浸在其中的事物時，很容易出現「沒有朋友就會不安症候群」。

你現在的課題是思索能讓自己不再感到焦慮的方法，找到能讓自己沉迷

其中的東西。

像是，覺得很精彩的漫畫。

如果覺得這部作品好像會讓人上癮，不妨把那位作者的其他作品全部看一遍。

如果喜歡某首歌，就聽聽看那位歌手其他的歌曲。

以這樣的方式，深入挖掘覺得真不錯、好像蠻喜歡的、吸引自己的事物，然後——

「我還聽了和那位歌手合作過的人所唱的歌，現在也好喜歡他們。」

「雖然是其他作家的作品，也想找來看看。」

如此一來，世界就會變得更加寬廣。

當你迷上一件事，會想看更多、聽更多、知道更多……，甚至會覺得時間不夠用。

即使一個人的時候，也不會感到孤獨，反而會覺得很自在，這是確立自我時非常重要的一步。

培養享受獨處時光的能力、不需要依賴他人的能力↓產生自我肯定感↓建立自信。

就算不是一開始就有興趣的東西也沒關係，可以從以前就想嘗試的事物開始。專心學習也是一個不錯的選擇，透過學習讓成績進步，也會讓人更有自信。

將自己的能量與時間，投入在朋友以外的事物上、用在提升自我的方向。

一旦擁有這樣的時間，就能在自己內心播下自立與自信的種子。**透過自己喜歡的事物，在內心形成某種「核心」般的力量，就不會再過度依賴友誼。**

這樣有助於在與朋友相處、與人相處的關係上，保持良好的平衡。

三種無敵的友誼力量

以下整理出希望大家在十幾歲的時候，就要培養出的「交友力」，好好訓練以下三種能力，就能不再為交友關係煩惱。

（1）結交志同道合的朋友。

（2）與合不來的人也能和睦相處。

（3）享受獨處。

不管是心意相通的人、還是合不來的人，若想跟所有人都變成朋友，就會感到煩惱、痛苦。

只要明白不用跟所有人都變成朋友，就不用勉強自己做任何忍耐。

那麼，該以什麼標準來區分誰才是朋友呢？

朋友是在一起的時候很開心，能讓人露出笑容、讓你打起精神的存在。即使沒有時時刻刻都在一起、沒有說什麼重要的心裡話，只要能讓自己露出快樂的笑容，就能視對方為朋友。

與任何人都能相處融洽，也是保持好心情的祕訣。我對好心情、愉悅的定義是：不管心情好壞，總是能開朗、平靜地與別人相處。

以愉悅的心情與別人相處，即使是「認識以上、未達朋友」的人，也能因為某些契機發展成朋友關係。

「結交志同道合的朋友」與「跟合不來的人也能和睦相處」，並不是兩回事，本質上是相通的。

但光靠這兩種與人相處的能力還不夠，還要擁有自己的世界，培養肯定自我的感覺，具備能享受「獨處的能力」，藉此維持不過度依賴他人的關係。以編辮子的方式結合這三種力量，就能提升自己的強韌度，保護好內心，掙脫焦慮的泥淖。運用這三個交友力，建立起自己的信心吧！

第二章

合得來的朋友，都有共同的喜好

珍惜從「喜歡」中展開的世界

「交不到朋友。」

「不擅長交朋友。」

我非常推薦有這樣困擾的人，透過「喜歡的事物」來交朋友。

你喜歡什麼？即使沒有稱得上興趣的喜好，日常生活中應該也有許多讓你覺得「這個好棒啊」的東西吧？

無論是喜歡的動物、還是喜歡的食物、經常看的 YouTube 頻道，什麼都可以。就算平常不擅長跟別人講話，一定也可以很輕鬆地聊聊自己喜歡的東西。

舉例來說，如果有人也跟你一樣喜歡某部漫畫，可以問對方最喜歡哪個角色、特別喜歡哪段情節等等，話題就會源源不絕地展開。

喜歡相同的東西，就很容易聊得很熱絡。

透過共同喜好的話題與對方產生共鳴、聊得非常愉快，這是與人相處時最快樂也最幸福的時光。

我認為能開心地聊喜歡的事物，是朋友的基本條件。

光是對方能與自己熱烈地討論共同喜歡的話題，就已經具備當朋友「在一起很開心，能產生共鳴」的條件了。因此，請珍惜自己喜歡的事物。

有許多契機能讓彼此成為朋友，例如有人看到你掛在背包上的吊飾，主動問：「你喜歡〇〇啊？我也是。」一下子就能聊得很契合。

「我們都喜歡這個耶」，是很好的開場白。只要擁有相同的東西或做一樣的事，很快就能打成一片，輕鬆的相處在一起。

我與從國中到研究所一起長大的朋友非常要好，其實是因為石川啄木的短歌。

國中時，國文老師要大家分組，兩人一組選一首喜歡的啄木和歌，研究後在課堂上發表。

我選的是「但願我能有愉快的工作，完成之後我想死」，他也選了同一首，很自然地就分成一組。

我們一起研究啄木的生平、和歌的背景，做功課的那段時間非常開心。

從此以後，每次期中考或期末考前，我們都會一起讀書，也一起準備考試，順利考上理想的學校。

我當初怎麼也沒想到，彼此的友誼能一直延續到研究所畢業，他就是我的志同道合的好朋友。

沒有人知道什麼樣的「喜好」能讓彼此變成朋友，緣分藏在各種難以預料的契機中。

以相同喜好作為彼此的中心點

透過喜歡的事物交朋友，有什麼好處？第一個好處，是很容易產生共鳴。當你知道對方與自己的喜好相同時，一定會產生親近感，只要聊個五分鐘，就能一下子縮短距離。

第二個好處，則是不用直接面對對方的個性。透過彼此都喜歡的事物作為聊天的話題時，會讓共同喜好、自己及對方形成「三角關係」。

兩人的關注力都會朝向共同的喜好，因此形成了不需要直接面對彼此個

建立在同樣喜好上的友誼

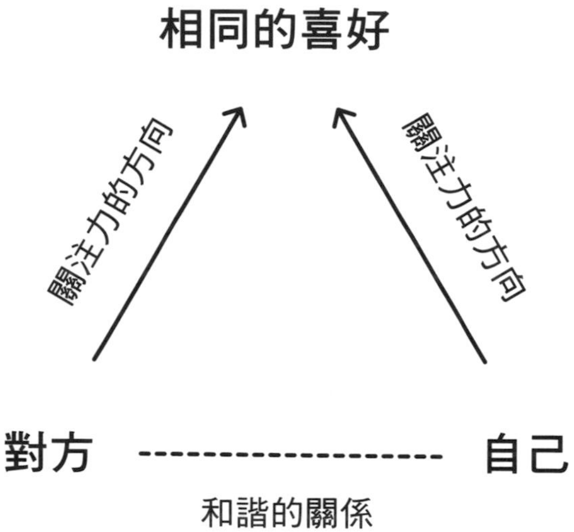

性的溝通方式。聊到彼此都喜歡的話題時，就算雙方的意見有所不同，也不容易扯到彼此個性上的問題，互相攻擊，可以平穩地保持幸福的距離感。

朋友之間如果還要考慮到彼此的人格、人性的話，相處起來會非常困難。每個人都有各自的面向、個性，因此人與人互相交流時，彼此的不同一定會產生無法忍受的摩擦，這也是人際關係出現問題的主要原因。

為了避免個性上的衝突，可以隨時提醒自己保持「三角關係」，將彼此的共通點置於兩人之間，形成三角形的關係。

這個模式，也可以套用在所有的人際關係裡。

或許也有人會問，如果共感是關鍵，那麼共同討厭的東西是不是也可以？雖然不是不行，不過，這樣很容易變成說壞話大會。

我認為一起說別人的壞話甚至討論得很熱烈，無法建立良好的友誼，因此，建議大家把三角關係的中心點設定為喜歡的事物。

用延伸的共同興趣，發展新的友誼

有了喜好之後，就會有許多的「朋友候選人」。

如果你喜歡的事物很多，就有更多的機會能與更多人都聊得很開心，也更容易交到志同道合的朋友。

你有多少喜歡的東西呢？無論是誰，應該都能輕鬆地舉出三、四項吧？要是請你再多舉一點例子、愈多愈好，而且具體說明呢？這樣可能一下子會答不出來。

我想到了一個辦法，那就是把自己喜歡的東西全部寫出來，製作成視覺化的「興趣地圖」。

從只是「偏愛（偏心喜愛）」的程度，到「好喜歡、超級愛」的事物，全部寫下來。不只現在，也可以加入以前瘋狂迷戀過的事項。

寫法很自由，可以條列式地寫下來，也可以依據喜歡的類型作分類，盡可能具體地寫下來，非常有趣喔！

如果是書或漫畫，除了書名，也可以寫下喜歡的角色名字，還可以再加上關鍵性的台詞或喜歡的句子。不用寫得很工整也沒關係，只要把腦中想到的都盡可能地寫下來就好。

我也會在課堂上或座談會時請大家做這件事，有人寫著寫著，發現自己偏愛的東西有某個共通點，也會回想起「我之所以愛上這個，其實是因為什麼樣的原因呢」，很有趣。

如果後來又想起其他的事情，隨時都可以再追加上去。

「一張紙寫不下了！」也有人把好幾張紙黏起來，變成一張巨大的地圖。

從「共同的興趣」開始，就不會有難相處的問題

我會在課堂上或座談會時，請大家兩人一組，給對方看自己的興趣地圖，以此為話題，展開「興趣的對談」。

當兩個人找到共同的喜好，對話一下子就會熱烈起來。如果兩個人沒有共同點，也會因為都是自己喜歡的東西，所以還是能聊得很開心，臉上始終帶著笑容。

十分鐘後，我請大家重新分組，讓另一個人看自己的興趣地圖，再次展開「興趣的對談」。

十分鐘後再打散重組，重複以上的流程。

結束後，氣氛變得和樂融融，可以明顯感受到大家心的距離拉近許多。

有次在企業的教育訓練上完成活動後，得到以下的回響：

「得知原本有點害怕、不太喜歡的主管原來也有這一面的時候，一下子覺得好親切，原本的畏懼感瞬間消失……之後可以安心地去向他報告或商量事情了。」

「原本只是公司的普通同事，得知有共通的興趣後變得很談得來，就進階成了朋友。」

（1）透過喜歡的東西遇見許多人。

（2）體會到心靈相通的喜悅。

（3）合不來的人變少了，建立起快樂的交友關係。

興趣地圖能夠讓即使是第一次見面的人，也不愁沒有話題，短時間內就能縮短與對方的距離。

還有一個優點是，**即使對方給你「好像很難聊、不知道如何應對」的印象，只要知道對方喜歡什麼，就不會覺得跟他處不來。**

就算與自己喜歡的東西沒有共通點，只要改聊對方喜歡的東西，也能聊得很愉快。

新生入學或重新編班時，寫下興趣地圖與同學分享，更容易交到朋友，也能馬上拉近與同學的距離。只有一件事要特別注意，那就是千萬不能否定對方的喜好。

發現自己喜歡的東西，其他人也喜歡時的樂趣，希望大家都能體會到。

和同好之間的關係會更長久

十幾歲的時候，大家都渴望被群體接受的感覺，尤其是與特定的人組成的小團體。

這個小團體如果是由「喜歡○○的人＝同好」所組成，一定超級開心的！以相同喜好為中心點的三角關係互動，逐漸了解彼此、建立深厚的關係，可以相互理解、相互刺激，或許還能變成長久且親密的朋友關係。

可是，每個人喜歡的東西不可能完全一樣，因此不需要隨時膩在一起。

如果只跟特定的小團體密切往來，不太跟其他人交流，這樣的關係很容易令人喘不過氣。

為了給彼此輕鬆自在的空間，就要尊重每個人不同的「喜好」。

「今天要上鋼琴課，要先走了，明天見。」

「等等要去社團，掰囉～」

每個人都有其他的喜好或更重要的事要做，為此而暫時脫離小團體是理所當然的事。

有共同喜好或目標一致而結合的朋友，會有一種團結連心的感覺，因此不太容易有「如果不常在一起，就會感到焦慮」的心情。

如果只是一時興起而聚在一起的小團體，由於無法彼此分享相同的喜好，**無法透過喜歡的東西得到心靈相通的喜悅，因此就只能藉由隨時綁在一起來得到親密無間的感覺。**

由於會直接面對彼此的個性，如果有人的意見或行為不同，其他多數人就會加以指責、排擠，甚至攻擊對方。

而大家會一起攻擊某個人，也是因為集體霸凌比較容易得到親密無間的感覺，這種交友關係會令人喘不過氣來，一點也不開心。

如果是這樣的朋友，我認為就算沒有也無所謂。

萬一你與過去相處融洽的小團體處不好，也不用勉強自己緊抓住那段關係不放。

並非隨時隨地都在一起就是朋友，請找到相處起來可以很開心，不會讓自己喘不過氣的同好，像是這樣——

「與A聽音樂的類型一樣，聊得很投機。」

「可以跟B一起討論喜歡的作家、看過的書。」

「提到運動的話題，跟C最聊得來。」

「與D一樣都很愛狗。」

「和E喜歡同一個歷史人物，可以聊歷史。」

透過喜歡的事物，可以找到許多能深入且快樂交談的人，交友範圍也會變得很廣泛。

能和你開心討論興趣和喜好，會觸動你的好奇心，拓展並深化你所愛的世界。

朋友也可以是「以〇〇為目標的同伴」，有了共同目標，就能為彼此加油、打氣，最終形成三角關係。

有目標的人會把注意力或體力投入其中，因此不會依賴要隨時與朋友綁在一起，而這才是輕鬆自在的朋友關係。

社團是同好的聚集地

交不到朋友而感到寂寞的人，不妨加入社團活動。

即使是第一次嘗試的活動，只要有心決定去做，當加入社團的那一刻起，你就是其中的一員。

- 想做的事、喜歡的事一樣。
- 一起度過的時間很長（有時候還要集訓生活在一起）。
- 要參加發表會或比賽等等，有共同的目標。
- 可以分享練習的苦樂。

有這麼多共同的經歷，一起做喜歡的事，在同一時間一起為相同的目標努力，自然就會加深彼此親密的關係。

一起參加社團活動的人，將成為寶貴的「夥伴」。

我在國中和高中時都加入了網球社，一開始有三十到四十名新成員。絕大部分的運動社團應該都一樣，新成員剛入社的前三個月，都在做一些辛苦的基礎訓練。

這個過程中，人數愈來愈少，三個月後，只剩下十個人左右，到這個時候，總算能開始練習上場打球了，在那之前真的是忍耐再忍耐的過程。撐過痛苦的基礎訓練期，一起撐到能上場打球的社團成員，自然會成為夥伴。

透過相同的經驗就能成為夥伴，在一起經歷嚴格與痛苦的考驗後，會讓情誼變得更加牢固。

現在回想起來，比起班上同學，我與一起參加社團的朋友感情更好。即使畢業後過了幾十年，依舊覺得他們是一起戰鬥的夥伴，根本不在乎合不合得來這種小事。

夥伴與朋友有點不太一樣，彼此間會產生只有夥伴才有的特殊情感；曾經苦樂與共的夥伴，通常會變成一生一世的老朋友。

夥伴關係所產生的歸屬感

為了保持友誼能長久，大家都很費心在經營人際關係；我認為與其交朋友，不如結交夥伴。

長大成人後，為了在社會上生存，需要的並不是可以結交許多朋友的能力，而是擁有夥伴能互助合作的力量、藉此實現更美好的生活。

因此，我認為要先深入體驗過「夥伴是什麼」，以及了解「要如何結交夥伴」。

只要是透過相同的經驗，為了一個目標和目的而相互合作，就已經是夥伴了。就算朋友不多，只要有夥伴，就不會感到寂寞。

大學有許多社團，我強力建議學生一定要參加社團。

我會告訴他們：「如果沒有什麼特別想做的事，也可以選三、四個看起來沒那麼嚴格的社團來加入看看，試過以後才知道自己適合什麼。」

只要進入社辦，就能找到人聊天，也能跟不同科系、不同學年的人交流。即便跟對方不熟，社辦也是夥伴們聚集的地方，重點在於讓自己置身於這樣的環境裡。

至於能不能在社團裡獲得什麼技術、進步到什麼程度，其實一點也不重要，成為夥伴的一員比較重要。

社團的意義在於與人打交道、成為夥伴；如果發現不適合自己，再退出社團也可以。

雖然加入社團後，可能會發生麻煩的事，可能也有人會說「我不喜歡被綁在某個地方，我渴望自由」。

其實，產生歸屬感、與他人建立關係，能幫助你在社會上活得比較輕鬆。

人際關係一旦斷絕，人就會變得愈來愈孤立，為了在社會上生存，擁有歸屬感與夥伴是一件非常重要的事。

除了家裡，要找到「屬於自己的地方」

我在年過三十的時候，還沒有穩定的工作，明明研究所畢業，卻完全找不到工作。

我有家庭（妻子和兩個小孩），但是在社會上卻沒有任何歸屬感，這點令我非常不安。

當時我經常去一家簡餐店，老闆問我：「你會打棒球嗎？會的話，要不要來跟我們一起？」

那支棒球隊叫「賭徒」，成員全都有賭博的嗜好。

雖然我不賭博，但是有家庭、沒工作的人生，也像是在賭博，自認很有資格加入他們。

他們讓我成為球隊的一員，穿上相同的制服；我在比賽時擔任投手，度過非常快樂的時光。

我幾乎不知道球隊的成員從事什麼工作、每個人的背景，但我們依舊是一起打棒球、有說有笑的夥伴。

有個這樣的容身之處，心情會輕鬆許多，感覺得到安慰。即使關係不夠深入、不夠親密，也能成為夥伴。

有夥伴的感覺令人非常安心，也會開始感覺到有一個屬於自己的地方。

把注意力轉向學校以外的世界

十幾歲的年紀，很容易以為學校和家庭就是自己的全世界。平常會有所接觸的人，大概就是朋友、老師和家人，而朋友也只是班上一小部分的同學，比較好的朋友幾乎也是同性別的同學。

在這樣封閉的環境下，就連人際關係也很容易變得狹隘。

一旦你接觸到與平常生活周遭不一樣的人時，就會發現每個人真的都不一樣，如此一來，待人接物的態度也會有所改變。

關鍵在於「分享彼此的經驗」，請試著一起做點什麼，成為彼此的夥伴。

請在學校以外的地方與不同年齡層的人交朋友，年紀差很多或是同年齡層的人都可以，像是劍道或柔道、合氣道等武術的練習場。

我曾學過空手道及太極拳等武術，在那裡學會了各種招式，當時可以接觸到不同年齡層、各式各樣的人。

只要是同一個道場的學生，無論年齡差得多遠，都是夥伴。年齡層差愈多、愈多人的地方，就愈有趣。

如果有機會在當地的廟會抬神轎或敲大鼓，我也建議各位盡量參加，可以與各種不同類型的大人交流，並得到與同學以外的同年齡層接觸的機會。

我有個學生說他來自鄉下，在東京沒有什麼熟人，但是透過抬神轎的機會，結交了許多同伴。

透過自己身體所經歷的強烈體驗，像是抬神轎時肩膀會很痛，還有被人群踩踏推擠，或是整隻手臂因為練習打太鼓而變得酸痛不已，都會深深地烙印在心底。或許會抱怨「好累喔～」，但是與夥伴一起完成某件事的成就感真的很讚。

你也可以參加夏令營，和其他人一起做飯、一起吃飯、一起睡覺，同寢同食很容易產生一體感。

不過，如果你約朋友一起參加，很可能會一直跟那個朋友一同行動，所以請獨自參加。

以「獨自一人」的方式展開行動，反而會有許多相遇與收穫。如果有什麼可以在學校以外的場合跟別人一起做的活動，希望你能積極參與看看。

希望大家都能夠明白，**透過體驗不同的社群，認識各種不同的夥伴，可以確實地拓展視野。**

只跟學校、班上的固定那幾個人相處，交友圈會僵化，世界也會變得很小，非常小！

如何遇見志同道合的同好？

我們總是隨口說出「志同道合」這個詞，但志同道合究竟是什麼呢？讓我們重新思考一下。

簡單地說，志同道合有兩個要素：

（1）喜歡的東西、喜歡的感覺一致、相似。

（2）節奏、步調等磁場合拍。

前面也說過，我們可以有意識地配合對方的節奏和步調與對方合拍。所謂志同道合，是指流動於人與人之間的感覺和步調等等十分契合的情況。

與性格沒什麼太大的關係，而是如何與人親近的感覺。要在實際與許多人接觸的過程中累積經驗，才能掌握人與人之間的距離感。

人與人之間的距離感，可以透過「習慣與人相處」來掌握。

一旦掌握住人與人之間的距離感，就會開始思考可以用不同方式來與不同的人相處，增加志同道合的人。

不過，如果每次都跟同一群人相處，就無法練習如何掌握距離感。

想得到志同道合的朋友、有默契的夥伴，就不能一直待在同溫層裡，請與更多人建立雖淺但廣的關係，而非狹窄濃密的關係。

如此一來，一定能從中找到你想要和他建立深厚關係的人。

保持一點距離感的友誼，最剛好

不用一天到晚都黏在一起，只要感覺心靈相通、志同道合，情緒就會很穩定——這是與朋友相處最理想的距離感。

歌手兼演員美輪明宏說過：「與人相處請保持六分飽。」

不管再喜歡的東西，一旦吃到飽、吃到撐、飽到天靈蓋，也會覺得「吃不下了」。

「想再多聊一會兒。」

「想再相處久一點。」

為了保持這樣的關係，六分飽的相處剛剛好。

中國古代思想家莊子也說過這樣一句話：「君子之交淡如水，小人之交甜如蜜。」

所謂「君子」，是指教養與德性兼具、人格高尚的人。君子的交際都保持在水一樣淡的狀態。

相較之下，「小人」則是指心胸狹窄的人，喜歡有如蜜糖般甜膩的人際關係。

水與蜜，哪個才能喝很久也不覺得膩呢？

或許一開始會覺得蜂蜜很可口，但是很快就會膩了；正因為水清淡又不膩，才能長長久久不令人厭倦。

福澤諭吉在《勸學篇》（学問のすゝめ）一書中是這麼說的：「就算只是萍水相逢的人，說不定也能成為一生的摯友。」

此外，書中也提到：認識十個人，只要能與其中一個人偶然變成朋友，那麼以此推算，認識二十個人，就能交到兩個好朋友。

只要能認識許多人，有許多能輕鬆交談的對象，光是這樣就有更多機會遇見與自己契合的朋友。

就算不是摯友也沒關係，只要多多認識新朋友，諭吉也說他並沒有摯友（莫逆之交）。

《勸學篇》開宗明義的「天不在人上造人，亦不在人下造人」這句話非常有名，那麼，各位知道最後一句話是什麼嗎？

「生而為人，沒必要討厭別人。」

大家都是天地間的創造物，應該互相敬愛。

在交朋友時可以輕鬆以待，最重要的是多與各種人交流，並培養與人交際的能力。

第三章

培養獨處的勇氣

害怕孤獨的心理狀態

「下課時間找不到人玩、總是孤零零的一個人、在學校裡沒有容身之處。」

許多人都有這種煩惱吧？

我也曾聽過，因為不希望別人看到自己總是孤身一人，所以躲在廁所裡吃午飯的故事。

也有許多人雖然疲於跟小團體維持好關係，可是無論如何都不想被討厭、變成孤零零的一個人，只好勉強自己配合大家。

為什麼會害怕獨處呢？

狀況會因人而異，是「主動」選擇一個人，還是「被動」變成一個人。

也就是說，差別在於是自己決定要獨處，還是在與別人的關係中被迫陷入只有自己一個人的孤獨。

人心分成兩種情況，一是不在意只有自己一個人的時候，另一種是感到寂寞的時候。

例如，你正在看一本很好看的書，就算獨處了好幾個小時，也完全不覺得寂寞吧？

主動選擇「獨處」的時候，根本不會感到寂寞。

但如果看到好朋友不跟自己說話，卻與其他人開心地聊天，你會有什麼感覺呢？

我猜，你一定會覺得自己為什麼不在那群人裡面跟大家有說有笑的，為此感到非常寂寞吧！

或許他們並沒有要排擠你的意思，只是剛好聊起來的時候你不在而已。

即便如此，還是讓人覺得異常孤單，甚至孤單到心痛的地步。

如果不是出於自己的意志，卻在自己生活周遭的關係裡感到「變成孤零零的一個人」，肯定會有很大的寂寞與不安。

深深害怕被討厭、害怕變成孤單一人的人，對那種「被動的獨處」狀態，也會覺得特別不安。

豐富獨自一人的時間

如果不想害怕獨處，只要「主動選擇獨處」就行了。

只要能依照自己的意思來選擇「獨處」的狀態，就不會感到寂寞，更不會因此感到羞恥，當然也不會沉溺在悲慘的情緒裡。

主動，是指以自己為主體採取行動。**可以先從讓獨自度過的時光更充實開始，這是練習主動選擇獨處、一個人也不在意的第一步。**

看書、畫畫、寫作或手作。

或是聽音樂，也有許多欣賞方法，可以只聽自己喜歡的音樂，也可以自己唱歌、彈奏樂器、填詞譜曲。

散步或慢跑也不錯，也可以栽種植物或養寵物，釣魚也很有趣，不妨以輕鬆的心情多方嘗試看看。

「沒想到會這麼著迷、原來我喜歡這個啊！」或許會有新發現也說不定。

一旦能開始享受自己獨處的時光，覺得「一個人也不錯嘛」，第一步就成功了。

這裡也可以把「主動的獨處」與「被動的獨處」，替換成「單獨」和「孤立」。

「單獨」，是主動選擇獨處的態度、獨立心、自尊心。

「孤立」，是處於被周圍的人排擠、冷落的不安狀態。

兩者最大的差異，在於是主動還是被動的獨處。

希望大家都不要被孤立，如果能愛上單獨一人的感覺就更好了；即使被別人認為你處於孤立的狀態，也能靠自己的轉念變成充實的獨處。

《湯神同學沒有朋友》[3]是一部描寫高中校園生活的漫畫，書名中的湯神同學是個不折不扣的獨行俠，屬於「主動選擇獨處」的人。

他很驕傲地宣告自己不需要朋友，還誇下海口：

「我可不想把腦容量浪費在過去的人際關係上。」

「因為我是不需要朋友的人！」

同學們都說，他是很難相處的怪人。

可是湯神同學並不孤單，因為他有自己喜歡的世界。

他參加了棒球社，成為光芒萬丈的王牌選手，也很喜歡落語，除此之外，還有許多奇奇怪怪的興趣，就連成績都很好。

這本漫畫的女主角千尋，是深受交友關係所苦的普通高中生，在與湯神同學相處的過程中，重新領略到獨處是怎麼一回事。

看了這本漫畫，即使無法認同湯神同學的所作所為，也能對千尋同學的心情產生共鳴吧！

3　湯神くんには友達がいない，佐倉準，小學館出版。

找到「獨自行動也很帥氣」的崇拜對象

希望各位找到擁有獨行俠形象的「心靈之友」，作為進入主動獨處境界的第二階段，也就是找到能讓自己產生共鳴、驚呼「我懂、我懂」的英雄或女主角。

只要內心有崇拜的獨行俠，就能漸漸抹去腦子裡對獨處的負面印象。

在我還很小的時候，非常喜歡《姆米》[4]裡的司那夫金。

司那夫金是獨處的高手，總是像風一樣地出現，又像風一樣地消失，看起來很孤獨，卻不寂寞。

他在電視卡通裡會彈吉他，但書裡是擅長吹口琴。姆米谷的居民有很多惹人憐愛的角色，但司那夫金是最帥的，他從不跟任何人搞小團體，總是獨自思考著有點深奧的問題。

在文學作品中，也有發人深省的故事。

當自身感受到的事、隱隱約約浮現在腦海中的想法化為文字，透過主角的嘴巴講出來，讓人有「啊，我懂、我懂，就是這樣」的心情。

這麼一來，自然就想多看點那位作者的書。

找到喜歡的作家，迷上他的世界觀時，通常會覺得很感動，覺得書裡居然有這麼完美的朋友。

如果能在文學中找到「心靈之友」，一定會發現非常豐富的朋友礦脈。

其實，支持各位的強大援軍無所不在，特別推薦大家從造福人類的偉人傳記中尋找看看。

沒有人從小就一帆風順，不曾吃過苦、經歷失敗與磨難，每個偉人也經歷過各式各樣的挫折與矛盾衝突。

透過傳記了解他們的生平，如果有打動自己的部分就能當成人生的範本，視為自己的「心靈導師」。

視對方為導師，就能從那個人的想法學到許多東西，當自己在想事情的時候，就能參考對方的想法及說過的話。

當你的內心有愈多「心靈導師」，就表示有愈多應援團在支持自己。

4 Moomins，又譯嚕嚕米，是芬蘭作家朵貝・楊笙創作的童話小說中的主角。

以閱讀展開超越時空的對談

《徒然草》[5]裡有這樣一段文字：

「孤燈下獨坐閱讀，與古人為友，何其快哉。」（感到寂寞的時候就翻開書來看，與沒見過面的古人說的話交朋友，乃至高無上的樂趣）。

有一次，我在看小林一茶的全集時，看到一茶寫下「在《徒然草》裡看到這樣一句話喔」。

「原來如此，一茶也看過《徒然草》，受到兼好法師的金玉良言啟發啊！」

我發現之後，感覺自己和兼好法師及一茶產生了連結，不由得感動萬分。

此外，我曾在閱讀能劇的集大成者世阿彌的《風姿花傳》[6]時，發現裡頭有一句話提到「《論語》是這樣寫的……」。

我心想：「哦，世阿彌也看過《論語》，從中得到啟發啊！」

松尾芭蕉在奧之細道遊歷時，曾經受到西行法師的啟發，嚮往西行的生存之道，最後自己也踏上旅途。

以「我思故我在」這句話而聲名大噪的笛卡兒，也在《方法論》裡提到，閱讀好書就像是在跟過去的一流人士交談。

知名品牌香奈兒的設計師——可可．香奈兒，在少女時代曾經在閣樓房間裡把小說當寶貝一樣閱讀，還抄寫金句。

「這些小說形塑了我的人生觀。培養我的感性，教會我矜持與自豪。我一直是個心高氣傲的少女。」[7]

原來，大家都有「與古人為友」的經驗呢！

古人的精神就是這麼流傳下來的，由此可見，傳承至今的經典打動這麼多人的心，給予世人無限的影響。

閱讀之後，能牢牢地記住書中的文字，代表受到了古人精神的啟發。即使沒見過以前的人，也能感覺與其心靈相通，因此不會感到寂寞。

因為有強力的後援，不再覺得一個人寂寞或不安，能以堅強的心態保持堅定的態度。

所謂「自我」，就是透過累積了許多人的想法與智慧一步步打好地基。**大量閱讀的人，將得到前人、前輩們的支持，實在地建立起心靈的基礎。**

如果內心深處沒有任何可以當作參考、支持自己的人，一定會很不安吧？因為沒有任何可以商量的對象，凡事都必須自己一個人面對。

光靠自己的想法面對人生，其實是一件非常困難的事，各位的內心深處，有多少稱得上是「心靈之友・心靈導師」的存在呢？

只要覺得自己並非孤立無援，就不會再害怕獨處了。

5 吉田兼好（一二八三～一三五八年）著作，為日本古典文學必讀經典。

6 世阿彌於十五世紀完成此書，內容包括能劇的修行法、心得、演技論、演出論、歷史、能劇的美學等。

7 《我沒時間討厭你：香奈兒的孤傲與顛世》（*L'allure de Chanel*），保羅．莫朗著，段慧敏翻譯，麥田出版。

獨處，是和自己好好相處的機會

創作歌手愛繆小姐（あいみょん）接受訪問時，曾提過自己的學生時代。她說，從國中就不明白上學有什麼意義，不想待在教室裡。就算去了學校，也都不上課，一直窩在保健室裡。

雖然有朋友，明明直到昨天都還感情很好、有說有笑，但是因為一點小事或誤會，關係就突然毀於一旦，令她開始思考：朋友到底是什麼？

音樂是她高中時代的心靈支柱，不只是聽喜歡的音樂，自己也會作曲。

因為太沉迷音樂，導致學校的出席時數無法達標，還曾經陷入留級的困境。

思前想後，她選擇轉學，也因此與上一所學校交的朋友一刀兩斷，到了新學校也不想再交朋友，總是獨來獨往。

可是，變成獨行俠以後，她反而覺得很自由。

開始擁有自己的時間後，確定自己是真心想走音樂這條路。

「有些事要獨處以後才會發現。沒有人能夠一直在你身邊，就算覺得只有自己一個人，世界上也不是真的只有你一個人。」

愛繆認為，自己是在變成獨自一人、品嘗孤獨的過程中，才得以發現自己真正在乎的事、想做的事。

活躍的歌手兼演員的星野源先生，也在訪談中說過，自己年輕時很不擅長建立人際關係，而唱歌與其說是為了唱給別人聽，更像是一種解除壓力的「詛咒之歌」。

獨處，是面對自己的好機會。

當關注的能量流向自己，就能深刻地思考想做什麼、想怎麼做，不再隨波逐流，而是認真地思考自己的問題，就能有所覺悟。

在青春期的時候，至少要給自己一次獨處的機會。

你有獨處的勇氣嗎？

通往主動獨處之路的下一步，是減少勉強自己與別人在一起的時間，以「個體戶」的方式單獨行動。

無論是參加社團活動還是補習，不管做什麼，都跟朋友相親相愛地一起行動。

不過，感情再怎麼融洽，想做的事應該也不會完全一樣吧？可是一旦分開，又好像不是朋友了，所以總是黏在一起。

但偶爾，也需要獨自行動的勇氣。

一個人闖入未知的環境固然很緊張，但希望各位都能有「一個人衝進去試試看吧」的勇氣。

有時候，我會在特別講座的活動上，請來自各地的人進行各種人數的分組遊戲。

起初，我先讓每個人獨自走來走去，再要求他們依照人數組隊：「請組成三人小組。」

組成小組就能坐下，但是如果有相親相愛、總是膩在一起的兩人組，反而遲遲無法組成三人組。

經常可以看到兩個兩人組、四個人大眼瞪小眼地看著對方，等對方出招。

他們都不會說：「那我們先拆開，分別加入這組和那組好了。」就這樣陷入膠著的狀態好一陣子。

「再來，請組成十一人的小組。」

一口氣增加人數，但四個三人小組合體的話會變成十二個人，因此這次如果沒有人要退出的話，就無法組成十一個人的小組。

「接著是五人小組。」

就算十一個人分成兩組，如果沒有人要退出，還是無法組成五人小組。

像這種時候，能否每次都乾脆地選擇「那我退出」呢？

如果害怕變成一個人（單獨）就會動彈不得，換作是你，會怎麼做呢？

有獨處的勇氣，就有主動出擊的能力

這個遊戲也可以用來練習協調性，起初沒多少人願意主動退出，所以很花時間。

我告訴他們，這是獨處的練習。每次都要思考，自己是一個獨立的「個體」，迅速地採取行動。然後，當我再做出指示：「這次七人、這次四人」……如此循序漸進，慢慢地，能迅速採取行動的人逐漸增加，不用太多的時間就能快速地分好組。

這裡可以看出除了獨處的勇氣以外，有沒有協調性、社會性也很重要。

害怕自己無依無靠的人，是因為只考慮到自己；能一邊關懷周圍的人，一邊思考自己現在該採取哪些行動才能雙贏的人才握有主動權。

所謂協調性，並不是與周圍的人一樣、做一樣的事，而是有辦法判斷能否藉由主動出擊讓整體變得更好；不只思考，還能迅速地採取行動。

這才是所謂協調性的本質，知道自己在當下的狀況該做些什麼才好，而且在行動的時候不會考慮到個人的情緒、喜好或擅不擅長等等，具有所謂的社會性。

我曾在某家大型汽車公司的研討會上玩這個遊戲，不管要幾人一組，都能瞬間迅速地組好隊伍。

並不是因為他們都是大人了，而是因為他們都具有高度的社會性。

他們知道，只要自己退出，就能順利地組成隊伍，這麼一來就能不假思索地主動退出。

有人會環顧整個會場，尋找還有誰沒能組成隊伍，積極地問對方：「要不要跟我一起？我們一起加入那個小組吧！」主動與新的人組隊。

這種天賦，就是領導特質。這種人不僅知道自己該採取什麼行動，也能掌握其他還沒有歸屬的人的狀況，從宏觀的角度來思考該怎麼做比較好。

能思考該怎麼做能讓目前的情況變得更好的人，通常都能成為領導者。

「察言觀色」這句話，不知道從何時開始被解讀成配合別人的意思，一味地配合對方，只是與周圍同步，並不能讓當時的氣氛變好。

「察言觀色」的本意，是依照當時的氣氛觀察狀況，思考自己現在該怎麼做，採取更好的行動。

不要讓事情往糟糕的方向發展，而是判斷該怎麼做才能讓情況變得更好，據此採取行動。

因此，我認為「獨處的勇氣」相當重要。

走自己的路

「像犀牛角那樣往自己的方向前進」——這是佛陀說過的話。

印度犀牛的鼻子前面有一根突出的角，佛陀用「犀牛角」來比喻獨自前進的決心。

這句話寫在《佛陀的教誨—經集》（*Sutta Nipāta*）這部佛教經典裡，書中有一節以「犀牛角」為題，以詩的文體描述人生的心得。其中有一段是這樣的：

「只要待在群體裡一天，無論行、站、坐、臥都要跟別人一起。請以獨立自由為目標，不依附於其他人，像犀牛角那樣朝自己的方向前進。」[8]

因為這是詩文，若是大聲朗誦，可以讓文字流入你的心中。

希望各位大聲朗讀、多念幾次，烙印在自己的心上。

人無論是出生的時候，還是離去的時候，都是一個人，人生在世，只能獨自前行。

如果是待在一起會覺得疲憊的團體，有時候也必須離開一下。

為了做自己想做的事、為了學習，請試著擁有獨自一人的時間。

就算有人對你的決定出言嘲諷，在背後說你壞話，也不要放在心上，他們只是不理解你所重視的事物，如此而已。

人不可能完全被所有人理解，因為你的人生跟他人的人生是兩回事。

他們只是不理解你所重視的事物，如此而已。

我認為不怕孤獨，其實是一件珍愛自己的事。

與朋友相處很重要，但是必須把自己看得更重才行；你最重要的朋友其實是你自己，一定要這麼想。

不必硬要跟相處起來不開心又合不來的人在一起。

太害怕獨處的話，心態容易變得扭曲，就連欺負自己的人或素行不良的朋友也會牢牢抓住不放。

要是變成「就算是這種朋友，有也比沒有好」，或是「就算是那種人，也不想被對方討厭」的心態就不正確了，這是因為不夠愛惜自己。

一定要愛惜自己才行。

孤獨，會讓人成長。

只要能接受獨處的自己，就不會覺得一個人很丟臉、很悲慘。

讓我們成為獨立自主的「個體」，並以自己為傲。

牢牢地掌握住自己的「核心」，自豪與自尊也會在自己的內心紮根，這麼一來就能變得更強大。

主動的獨處是指成為喜愛單獨行動的獨行俠，希望各位都能成為擅長獨處的人。

8 《佛陀的教誨—經集》（ブッダのことば—スッタニパータ），中村元譯，岩波文庫出版。

第四章

你不難相處，但朋友為什麼留不住？

因為是朋友，說話才更要有分寸

「因為是朋友我才跟你說……」

你是不是很習慣這樣說呢？這句話後面接的絕對是責怪對方、批評對方的字句。

「你這樣不行耶，要改過來。」

「你是不是誤以為自己很可愛啊？」

說出類似這樣很難聽的話。

認為彼此是朋友，應該要老實說出真心話，但很可能會因此傷害對方。

千萬不能讓語言變成兇器，聊天時一定要注意說話的方式，如果老是這樣講話，朋友一定不會想再跟你出來了。

大家或許真的因為對方是朋友，所以才老實說的，**但就算是非常親密的朋友，太過直接地表達自己的想法，也不是一件好事。**

我曾經有對好朋友講了非常過分的話、結果被疏遠的經驗，就算是朋友，也有些話不該說，哪怕是真心話。

不論是對多麼親近的人，都要有禮貌、有分寸。

「老實說」也是危險的詞彙

從這個角度來看，「老實說」也是殺傷力十足的危險詞彙，這句話後面接的通常不是什麼有建設性的好話，有時候還會冒出讓對方爆炸的發言，像是：

「你的〇〇〇不太好，以前都忍著不好意思說，其實我很討厭你這點。」

當說出這句話後，對方會覺得自己過去的一切都被否定了：「原來你過去一直是這麼想的？」

「真心話」具有殺傷力，很容易脫口而出打壞關係的內容。既然有真心話，就表示有場面話，與過去說的話或態度落差愈大，對方受的傷害也愈大。

根據我的經驗，幾乎沒有發生過什麼講出真心話比較好的情況，真心話只會破壞人際關係。**肆無忌憚地想說什麼就說什麼，會讓人際關係陷入最糟糕的狀態。**

如果兩個國家都說出真心話，不是爆發戰爭，就是會斷絕邦交。

外交，是為了不讓事情演變成這樣所進行的交涉。即使是關係緊張的國家，外交官也要努力尋求和平共存、相安無事的方法。

萬一毫無保留地說出真心話，「這塊領土是我們的，不能給你。再說了，我從以前就看你不順眼了，開戰吧！」很容易演變成這種狀況。

戰爭，是指兩國斷交、變得劍拔弩張的狀態，彼此不再溝通。

基本上，日常生活的交流其實不需要真心話，除非是暗自覺得「想與對方絕交」的關係，才能說出真心話。

壓下真心話，是與人相處的規矩、禮儀。

雖然日本演藝圈也有人以「毒舌」成名，擅長用一針見血的話逗大家笑，但那並不是真心話。

深知言語的威力及其「分寸」的人，才能把言語玩成一門「藝術」，才能扮演好他們的角色；而被批評的一方，則有能因此逗笑觀眾、讓觀眾記住名字及長相的好處，唯有在這種關係下才得以成立。

實際見到以毒舌為賣點的藝人，多半都情緒穩定、身段柔軟、態度謙虛，毒舌並不是他們本來的面貌。

崇拜毒舌的人設，口無遮攔地貶低別人，最後一定會吃到苦頭，身邊的人一定都會漸漸疏遠你。

沒有人喜歡被否定

「不，不是那樣的……」
「才怪，絕對不是！」
「怎麼可能，才沒有那回事！」

有人動不動就會否定別人說的話。

說話到一半被硬生生打斷，對方會感到說話內容和對話行為本身都遭到否定，因而生出不滿的情緒。

很多人都沒有意識到，自己已經養成否定別人的習慣，一不小心就禍從

口出。不只青少年，就連大人也經常犯這種錯誤。

「可是○○○，是嗎？」

「可是」，是語氣轉折的連接詞，整段話的內容聽下來，你其實沒有要跟對方唱反調的意思。

明明可以改說「所以」或「也就是說」，卻養成說「可是」的習慣，而且還沒意識到自己每次都否定了對方說的話。我想，這樣的人際關係一定充滿挫折。

「可是／但是／話雖如此／講是這樣講」──和人對話時，盡可能不要用這些詞語開頭比較好。

尤其是更不能否定對方喜歡的東西、覺得好的東西。

當對方說：「這個很棒喔！我覺得很有趣。」如果你回答：「那個很無聊。」說的人會受到雙重打擊，等於是喜歡那個東西的自己被否定，自己喜歡的東西也被否定。

對方可能會覺得很傷心，也可能覺得你亂說話而感到憤怒，也可能討厭否定自己的人，甚至是這三種情緒一次爆發。

每個人的喜好都不一樣，不要否定對方喜歡的東西，這是做人最基本的禮貌。

我曾經犯過這樣的錯，和年輕朋友聊天時，提到喜歡的音樂家。朋友說出他喜歡的音樂家叫什麼名字時，我感覺有些意外，脫口而出：「真的假的！那個人好在哪裡？」

我永遠記得，他的笑容在下一秒瞬間消失。

那時候意識到「傷害到他了」，想要馬上補救，可惜已經太遲了。

從此以後，不只音樂，那個人再也不跟我聊自己喜歡的東西了。

「好在哪裡？」光看文字或許並沒有否定的意思，可是一旦出現在對話裡，聽起來會讓人覺得被否定。

我深深的反省這件事。

有個自嘲「我是個宅男」的人，曾說過以下這句話：

「許多宅男其實都很體貼。可能是因為許多人都有過被罵『你好噁心』而有過受傷的經驗，很能了解別人的痛苦，所以不會自顧自地闖入對方的私領域。

因為不希望自己喜歡的世界受到否定，所以也不會去否定對方喜歡的世界。或許會覺得有點意外，但許多宅男都很有禮貌、很善良。」

完美地詮釋了己所不欲，勿施於人，也表示他充分地理解到人際關係的微妙之處。

難相處的地雷王

一旦發生什麼看不順眼的事，馬上就生氣。

萬一事情發展得不如自己的預期，臉馬上就垮下來。

這種人會被貼上「好難相處啊」的標籤，而且，他們的情緒波動很劇烈，不是好一陣子鬱鬱寡歡，就是突然變得很躁動，完全不受控的人也很難相處，讓周圍的人非常疲憊。

每個人都有快樂悲傷的情緒，但大家都很努力地在與其他人相處時，盡可能不要顯露出當下的情緒起伏。

大家大概只會包容還無法控制自己情緒的幼兒，或被世人當成怪咖的天才。除此之外，以下幾個特徵也很容易讓人不耐煩。

・不聽別人的意見，堅持自己的主張，「一定要這樣才行、絕對不允許除此之外的情況發生」。

・大嘴巴，毫無愧色地洩露別人的祕密。

・很愛吵架，動不動就與他人起衝突。

・把自己看得很卑微，總是把「像我這種人」掛在嘴邊的人。

・沒有自我，不敢清楚地表達自己的意見，總是說「都可以、都好」的人。

大嘴巴、什麼話都拿出來講的人，根本不值得信任。不只在日常對話，連社群網站上也是以口無遮攔的態度，什麼都發文，讓人不想太近距離相處。

自我主張太過強烈的人雖然讓人困擾，但是沒有自信、缺乏自主性，不敢表達自己意見的人，也會讓人感到不耐。

容易與人起衝突的人，會讓周圍的氣氛變得很尷尬，他們充滿攻擊性的態度，可能就連個性溫和的人都會受到影響，被捲入情緒波動的漩渦。

如果不改掉上述列舉的壞習慣，身邊的人都會紛紛離你而去。

揪團必到的固定好咖

朋友之間的相處，「有人約、我就去」的態度很重要。

這與自己喜不喜歡、擅不擅長無關，凡是能讓感情變好的活動，就應該爽快地應邀前往，這點非常重要。

「唱KTV？我不喜歡唱KTV。」

「我唱歌很難聽，不想去丟臉。」

千萬不要說這樣的話。

唱得好不好或喜不喜歡唱KTV，根本不是重點，唱得再難聽也要去，這會讓你成為朋友眼中的「好咖」。

即使是無法主動地積極參與活動的人，只要有人約就赴約，就可以和朋友建立起長久的關係，成為大家心目中的「固定班底」。

愈是煩惱沒有朋友的人，愈不能浪費朋友的邀請。如果想交朋友，就開開心心地接受別人的邀約，能被約也是一種福氣。

如果約了三次、三次都拒絕的人，別人再也不會約他第四次，結果在朋友眼中，就成了「根本不用問，反正約了他也不會來」的一員。

只要多多交際，就有機會做一些沒做過的事、去一些沒去過的地方、吃一些沒吃過的美食，拓展興趣並開闊眼界，藉此了解自己，也更了解對方，就能加深與朋友的關係。

想成為一個善於交際的人，需要有適應他人的包容性與柔軟的身段。

真誠地道歉，最好當面說

惹怒對方時，如果不能迅速、老實地道歉，朋友會愈來愈少。

也有人會覺得，這時要是道歉就輸了，或是不願輕易低頭，但這樣堅持下去並不會有好結果。

與朋友相處融洽的人，即使認為對方有些不太好的地方，也會主動放下身段，先向對方道歉，努力改善彼此之間的關係。

我相信能否積極主動地搭起和好的橋梁，會是吸引朋友抑或失去朋友的關鍵。

修復關係，要愈早愈好，可以的話，最好親口向對方道歉，因為透過文字訊息傳達與實際開口道歉，對方的感受完全不同。

總而言之，當天一定要傳 LINE 或簡訊先道歉，第二天再鄭重其事地親口跟對方說：「對不起。」

如果能夠順利和好，可以順勢約對方一起出去。

像是，今天放學回家的路上要不要一起去哪裡？以證明自己想和好、想要繼續當好朋友的心意。

利用和好的時機，進一步走進對方心裡，拉近與彼此內心的距離。如果沒這麼做，也許只是表面上和好，日後還是有可能慢慢地疏遠。

萬一對方非常生氣，不肯輕易地原諒你，就只能給他一點時間；請耐心等待，讓時間好好安撫對方的情緒，這也是一種修復關係的方法。

當有人刻意想引戰時的兩種「閃避」技巧

故意說別人不想聽的話、做別人不樂見的事，這種行為其實很幼稚。

但，還真的有這種人呢！

對此而暴跳如雷的人也會變得一樣幼稚，若能以無所謂的態度，優雅的應對才是真的瀟灑。

這時就要懂得「閃避」，就像走在人多的地方時，萬一不小心快要撞到對方，一般人都會改變自己的身體方向，稍微避開。

聊天時，如果能不動聲色地「當作沒聽見」，就能巧妙地避免衝突。

只要能避開衝突，即使有點討厭的對象，也能平心靜氣地相處；就算對方說了什麼讓自己很不爽的話，也能聽聽就算了，不往心裡去。

然後，再不經意地轉移話題，迴避原本的話題。

「說到〇〇，你知道那個嗎？」像這樣。

不要掀起內心無謂的波瀾，就能避免衝突，這是相對之下比較成熟的作法，讓自己遊刃有餘地避開衝突。

此外，也可以用幽默的方式反擊。

有學生告訴我，他在教育實習的時候被學生取笑了。

「老師，你的臉好大啊。」

「腿好短。」

可能是因為實習老師和學生年紀相仿，感覺比較親近，所以學生會說些不好聽的話，想觀察實習老師會有什麼反應。

「像這種時候，該怎麼做才好呢？」他來找我商量。

我告訴他：「以幽默反擊是最好的作法喔！」

像是，「我的臉很大吧！聽說表演歌舞伎的人臉愈大，在台上愈好看。我也是為了站在台上時能看起來更體面，故意把臉打腫了才來，這都是為了大家喔！」

或是，「幸好我的腿很短，所以下盤很穩固，而且我很擅長相撲，誰要來跟我比劃一下？」

坦然地接受別人的惡意，以笑容化解；學會「以幽默反擊」的技術，將來就能輕鬆駕馭各種場面！

你不是個性不好，是習慣不佳

人與人相處的時候，一定會發生各種紛爭，過程中也會遇到不喜歡或討厭的人。同時，自己也可能會被討厭、被忽視，這都是無可避免的情況。

不過，我的想法是，不要想成是個性或人格的問題比較好。

有句話說「人類是習慣的生物」，人類有各式各樣的習慣，由這些習慣塑造成一個人。

我則覺得，「人類是癖好的生物」，人類有各式各樣的癖好，由這些癖好塑造成一個人。

人與人之間的衝突，完全是因為各自擁有不同的習慣與癖好而產生的摩擦。雖然人格特質也是決定性的關鍵，但吵架的主要原因並不是因為個性，而是彼此的癖好或習慣不同，一點小事就會擦槍走火。

每個人都有許多癖好和習慣，也許你只是針對其中一、兩個癖好或習慣不順眼而已，只要這樣想，就會發現根本沒必要與對方為敵。

改掉癖好和習慣並沒有那麼困難，只要改變行動就可以。

像是改掉接在「老實說啊」後面說話刻薄的毛病，或是養成惹別人生氣以後馬上老實地道歉的習慣，採取具體的行動來改變。

當然，要一下子就改掉一、兩百個習慣很不容易，但如果只要糾正幾個缺點和習慣，就能不再討人厭、更容易與人相處的話，大家一定很願意嘗試。

在每一次與朋友的相處時，一點一點地修正自己的怪癖或習慣吧！

學會配合意見和立場都不同的人

至於朋友為什麼留不住，可能是因為你的見識太狹隘，容易以自我為中心，無法站在對方的立場思考，只會強迫其他人接受自己的觀點。

別一心只想保護、捍衛自己的立場，若能理解他人的感受、回應他人的需求，自己就會逐漸改變，也能更包容對方。

歌德曾說過：

「想讓別人配合自己根本是癡人說夢。」

「最好也要跟性格不合的人相處。雖然需要自制力才能融洽來往，但經此一役，內心各層面都會受到刺激，有助於成長發展。久而久之，無論何等人物現身眼前，都能與之分庭抗禮。」[9]

與合不來的人、不喜歡的人，也能和睦相處。

只要能做到這點，不只能與好朋友相處得更好，所有的人際關係也會更加順利，這將成為一生都受用的人際關係力。

今後各位在職場上，必須與觀點、想法都不一樣的同事或工作對象相處融洽，因此現在正是開始培養這種能力的時候。

9 《希望歌德 × 絕望卡夫卡的人生論：光與暗的名言對決，讓我們在絕望中找到救贖，在希望中大步前行》（希望名人ゲーテと絶望名人カフカの対話），歌德、卡夫卡、頭木弘樹（日文編譯），緋華璃譯，仲間出版。

第五章

有些關係，要堅決說「NO！」

「那種朋友，不要也罷！」

我寫過一本給小學生看的書，書名是《那種朋友，不要也罷！》[10]。霸凌或暴力行為愈來愈低齡化，我覺得光是對小學生說：「大家都是好朋友，不要分彼此，要跟所有人都變成好朋友。」其實已經不管用了。

書名的「那種朋友」，指的是會阻礙你努力向上、說你的壞話、扯你的後腿、把周圍的人拉進來排擠你等等，造成負面影響的朋友。

我們不需要這種會折磨自己、傷害自己的朋友，希望各位都能愈早明白愈好。

不管到哪裡，都有可能會傷害你的人。

也有人起初並沒有要傷害你的意思，但某天突然就翻臉不認人，不用勉強自己跟那種人交朋友，那種朋友不要也罷。

重點在於保護自己，要有說「不！」的勇氣，拉開彼此的距離。

這一章的內容，會告訴大家該怎麼做才好。

10 「そんな友だちなら、いなくたっていいじゃないか」，PHP研究所出版。

我們都有可能成為霸凌者

「霸凌是壞事」，大家都知道，可是霸凌卻始終不曾消失。

這是為什麼呢？

我認為這是來自人類有種「想在團體內占優勢」的特性，這樣的心情會讓人發展出攻擊的特性。

看到對方受到霸凌而煩惱、痛苦不堪的樣子，感覺自己有能力支配對方，從而產生快感與優越感，心情也會很愉悅。

想得到更多優越感，於是下手更狠——對於霸凌者而言，欺負別人似乎有著令人難以抗拒的快感。

這似乎是生存本能中的機制，在團體中站在比競爭對手更有利的立場，代表贏得生存競爭。

也就是說，並不是只有天生具有攻擊性的人會欺負別人，每個人體內都藏著想要欺負別人的危險因子。

這種愉悅的優越感，會強烈到模糊了「霸凌是不對的行為」的道德認知。輸給這種快感誘惑的人就會想方設法地找各種藉口，正當化自己欺負別人的行為。

理由不外乎「都是那個人不好，我是為了讓他知道這點才懲罰他」，人就是有這麼危險的一面。

然而，把自己的愉悅感擺在道德觀念之前，其實代表著軟弱、不成熟。

避免成為霸凌的加害者和受害者

經常有人討論「什麼程度算霸凌」，然而霸凌與程度無關。

也有人認為，「只不過是孩子們之間常見的小打小鬧，如果這就叫霸凌，那他的心靈也太脆弱了」；**但無論是哪種程度、不管有什麼理由，都不該欺負別人。**

霸凌者經常辯稱自己「只是鬧著玩」，但是誰也不該被「鬧著玩」，每個人都必須一起努力減少霸凌的現象。

實際上，抵抗霸凌需要相當大的勇氣。

假設班上有個惡霸說：「班上的某某最近很囂張，大家一起不理他吧！」

「不要啦，我不想這麼做、別這樣啦！」你敢這樣回嗎？

如果這樣說的話，霸凌的矛頭下次可能就會轉到你的頭上。害怕自己成為箭靶、淪落到被大家忽視的立場，因此被迫同流合污。

我猜被捲入霸凌集團的人，起初肯定都不想這麼做，可是做著做著，他們的大腦也開始體驗到霸凌行為帶來的快感，不知不覺開始以遊戲的心態、笑著欺負別人。

這麼一來，每個人內心原有會變成怪獸的危險因子就要爆發了。正因為如此，我由衷地希望各位都能對這種心理踩剎車，不要變成怪獸。

為了斬斷霸凌的連鎖效應，每個人都必須有自覺地採取行動。**不只是為了避免成為被害者，也不要成為加害者，這樣才能保護自己。**

我在前面章節〈你有獨處的勇氣嗎？〉提到，如果害怕單獨一個人，就會想跟其他人綁在一起而動彈不得，只要擁有獨處也無所謂的能力，就具有斬斷霸凌連鎖的作用。

能夠感到力量從內心深處、從丹田湧出，出現保護好自己的勇氣。

這股強烈的力量，能夠壓倒「下次會不會輪到自己被欺負」的不安，這就是真正的自我認知、自我意識。

「一個人也可以」的能力，將成為支撐你「智仁勇（思考的心、感受的心、改變現實的心）」的力量。

遭遇霸凌時，逃跑並不可恥

萬一你遇到霸凌，不知道該如何是好時，請先逃跑再說。**「逃跑」，是為了找到活下去的方法和手段。**如果一直處於威脅、傷害的暴言或暴力當中，人會失去思考能力，喪失判斷力，思考陷入停滯。

舉例來說，如果有人在言語上羞辱你、不斷找你麻煩，你會開始覺得是因為自己不好、才會受被這樣對待，甚至認為「我沒有價值、我不想活了」。

結束生命並非逃跑，那並不是為了活下去所採取的手段。

如果只是因為別人扭曲的優越感，就放棄自己的可能性、夢想、未來、人生……真的是太不值得了！

不能放棄活著、不能喪失活下去的力氣，更不應該獨自一人承擔。

許多人不敢告訴父母自己受到霸凌，希望各位都能跟爸媽商量。

如果覺得告訴父母自己發生了什麼事感到很丟臉的話，那是因為你變得獨立，逐漸成為一個成熟的人。

不過，霸凌並不是靠自己就能解決的問題，必須與強而有力的夥伴聯手，父母是各位最強而有力的夥伴。

如果覺得告訴父母自己被霸凌，他們會擔心，也會給他們添麻煩——這是各位的判斷力和分析能力還不夠。

萬一孩子結束自己的生命，家長卻不知道孩子遇到什麼困難，那麼，留下來的父母一定無法承受這樣的傷痛。

「為什麼我什麼都沒注意到？」

「為什麼我什麼都沒能為孩子做？」

父母將會一輩子活在痛苦之中，感覺就像被推入地獄，生不如死。

如果不想給父母添麻煩、不想讓父母痛苦，更要找他們商量、一起想辦法解決。

告訴父母，也能擁有讓自己安心的容身之處。

如果什麼都不說，只是不去上學，把自己關在房間裡，父母也不知道發生了什麼事，反而會一直想追問吧？

父母一旦知道、了解狀況，你就能擁有放心、安全的避風港。

就算想暫時不去上學，思考接下來該何去何從，也要由父母告訴級任老師；就算想轉學，也必須得到父母的理解與支持。

請先讓父母成為你的盟友，全家人一起面對，再也沒有人會比父母更關心你的未來了。

主動求助吧！你並不孤單

或許也有人會找霸凌集團以外的朋友求助，例如社群網站上認識的朋友，但我認為這種情況應該要由大人出面。

再怎麼精明的朋友，只要年紀相近，仍是人生經驗比較少的未成年人，知道的事、經歷過的事，一定跟自己差不多。

或許朋友說的話很容易能安慰到你，但我認為大人更能理解社會上不合理的狀況、能夠從各種不同角度切入看待問題，還是建議各位找大人商量比較適當。

如果要找學校的老師商量，建議請父母陪同你和老師談話。

這並不是為了要責備老師「為什麼沒發現、為什麼不阻止」，而是為了與老師一起思考，有沒有什麼方法能解決自己眼前的困境與難題。

例如，可以拜託老師下學期安排自己不要再跟那群會欺負人的同學同班。學期中可能比較沒辦法，但是到了下學期，或許就能請老師通融一下。

不要一開始就覺得「一定沒用」，先試著請老師幫忙看看，如果此路不通，再來尋求別的方法。

你知道當大人遇到困難的時候，會怎麼做嗎？

當他們覺得人際關係陷入僵局，無法順利解決問題的話，會請能冷靜、客觀判斷的第三者介入。例如，向律師諮詢或找警察商量。

因此，和父母一起與學校老師商量時，也可以請輔導老師或律師等第三者介入。

如果有什麼苦衷無法找父母商量、或是覺得學校老師也無法理解的話，就要找學校以外值得信賴的大人商量。

「剛認識、第一次說話的時候，能否當下就覺得很放心，能安心向對方傾訴」，是判斷對方值不值得信賴的方法。不過，這不是唯一的判斷方法，但是願意站在自己這邊的人，通常一開口就能說出令人信服的內容。

請用各種方式發出SOS求救訊號，一定有安全網會接住你。[11]

11 台灣教育部設有二十四小時反霸凌專線（0800-200-885），聆聽你的煩惱，提供實質的諮詢服務。

打造心理上的避難所

如果覺得再也不想待在這所學校裡，可以轉學。

如果覺得同學很可怕、不敢再去學校了，也可以不要去。多的是重新來過的方法。

只要活著，就有機會捲土重來，一旦結束生命就再也無法重新來過了。

我鼓勵大家都要擁有自己的世界，作為精神層面的避難所，例如專心讀書，努力提升成績，比欺負自己的人考上更好的學校。

透過學習得到許許多多的知識，培養冷靜地從宏觀角度看事情的能力後，也會讓原本的霸凌者比較不會想欺負別人。

他們會發現，不需要從欺負別人這種卑劣的行為中獲得優越感，比起欺負別人，能夠達成自己的目標、自我實現更快樂。

或者，如果有想做的事，可以全力以赴地去嘗試。

專心做喜歡的事，那段時間會很快樂，很適合用來安撫受傷的內心，現在能透過線上課程學到很多東西，可以善加利用。

一個人自娛自樂也不錯，但如果開始變得害怕跟別人打交道，完全不跟社會接軌的話也不太好。

因此，擁有與社會連結的場所很重要，不要完全孤立自己。只要拚命傾注熱情，自然會遇到同好、交到朋友，所以不需要太擔心。

當你理解到自己還擁有喜歡的事物，並相信這些喜愛就能讓你活下去時，就會覺得幸好還有這麼好玩的東西，才不用因為莫名其妙的霸凌而對人生感到絕望。

專心做一件事，會讓人變得積極向上，只要對將來懷抱希望，就會開始思考如何更深入的學習、需要增進哪些技術了。

這麼一來，就能開始思考現在該做什麼才好。

許多人都因為受到霸凌反而找到自己的方向、更適合自己的生存方式，活得有聲有色。

霸凌也可以是人生轉折的機會，千萬不要因為受到霸凌就喪失信心、被人控制，甚至賠上自己的人生。

「那種朋友，不要也罷！」

希望大家都將這句話當成激勵自己的口號，昂首闊步、勇敢地往前走。

第六章

和朋友好好相處的重點

直來直往，是很幼稚的行為

青春期，是開始在社會裡尋覓自己的定位，學會成熟處世並塑造未來的自己的基礎時期。

與小時候最大的差別，在於學會控制自己的情緒、心情，這點通常要到青春期以後才能做到。

無論關係再怎麼親密，言行舉止也不能顯露出百分之百的情緒。

哲學家尼采在《查拉圖斯特拉如是說》[12]一書中有段話我非常喜歡：

「你為了朋友把自己偽裝得多麼完美都不為過。因為看在你朋友眼中，你應該是充滿熱情的一枝箭，朝著超人的目標飛去。」

我好喜歡這句「你應該是充滿熱情的一枝箭，朝著超人的目標飛去」，每次有讀者請我簽名的時候，我都會模仿這句話，寫下「變成充滿熱情的箭」。

這段話的前面，還有這麼一段內容：

「如果毫不隱藏自己，只會給對方留下不愉快的印象。你們應該要害怕自己在朋友面前打赤膊才對。」

尼采很討厭平淡的表現手法，文字有如剃刀般銳利是他的特徵；而這樣的尼采認為，**在朋友面前毫不保留地表現出自己，只會讓對方不愉快，千萬不要這樣做。**

要以積極向上的心情出現在朋友面前，才是美麗的裝扮；對於穿著整齊與你對話的人來說，你想到什麼就說什麼的行為，就像是個光溜溜的人在那裡鬼吼鬼叫。

年輕時，我曾經因為毫不顧慮對方的毒舌性格而失去許多朋友，看到這句話，我才深刻地反省，完全不加修飾的言行舉動，其實是非常幼稚的。

若無法控制自己的情緒，從社會角度來看，代表這個人還不夠成熟。好好斟酌用詞，避免讓人感到不禮貌，是很重要的社會規矩。

尤其要小心用文字表達的社群媒體，**因為送出的文字比說出口的話更容易成為傷人的兇器**。

打字的時候，很容易隨手打出面對面說不出口的話、嚴厲的話、難聽的話。要是習慣置身於那些刺眼的文字滿天飛的環境下，感覺會麻痺，話也會說得愈來愈難聽。

昭和時代很流行一句話，叫做「不要寄出晚上寫的信」。

原因是在夜深人靜時，很容易一個人東想西想，就會在情緒激動的狀態下寫信，到了早上再以冷靜的心情重看一遍，通常會發現內容實在太尷尬了。在社群媒體與人互動時很容易一時衝動，就是因為經常把當下瞬間的情緒傳送出去。

讓文字變成兇器也是因為還不成熟，無法控制自己的情緒。

正因為想迅速地做出反應，才更顯露出平日語彙能力的不足，選擇使用的詞語，一定要非常慎重才行。

12 錢春綺翻譯，大家出版。

三種人際關係的經營練習

第一章為各位說明了「三種無敵的友誼力量」：（1）結交志同道合的朋友，（2）與合不來的人也能和睦相處，（3）享受獨處。

青少年時期，大家幾乎都把注意力放在結交志同道合的朋友上。對於合不來的人、無法像朋友一樣親近的人則冷漠以待，甚至認為與他們往來反而會增加壓力。

不過，如果只顧慮一部分的朋友，反而會讓友情、人際關係變得沉悶。

若與任何人都能和睦相處的話，反而能以各式各樣的方式滋潤自己的人際關係，也比較沒有壓力。

如果身邊有個溫和、能心平氣和講話的人，那就夠了。只要身邊有可以打招呼、沒事隨便聊個兩句的人，就不會再覺得寂寞、感到自己是孤單一人，就能形成心靈的安全網。

人是要經過相處才能互相了解的，有時候，原本以為合不來的人、卻意外發展成好朋友的例子很常見喔！

各位已經從第二章中了解到，為什麼要以相同的喜好來結交志同道合的朋友。透過對「喜歡的事物」的熱愛所結交的朋友，因為有共同的世界，所以就算沒有經常在一起也不會感到不安。

因為是喜歡的事物，專注於其中的時候很開心，感覺精神百倍，總是能面帶笑容地與對方相處。

在一起的時候很開心，能讓人露出笑容、變得有活力的存在——以上是對朋友的定義，而透過「喜歡的事物」連結到的朋友，則完全符合這個定義。

對「喜歡的事物」充滿熱情，為此投入許多時間與氣力，也會讓你獲得自信。一旦對自己有信心，自尊就會源源不絕地湧上心頭。

過去總是看朋友臉色、依循朋友的判斷、過度依賴朋友，在自尊心增強後，就會想擺脫這種關係。

當你擺脫這種關係，朋友非但不會減少，還能與其他人建立起自在相處的關係。

凝聚「結交志同道合的朋友、與合不來的人也能和睦相處、享受獨處」的能力之後，就能形成「幸福的三角形」，能夠獨立自主地與他人相處、而不受到周圍人際關係的影響。

喜歡獨處，更要練習如何與人相處

「我喜歡自己一個人，根本不需要朋友。」

這樣的人不需要強迫自己去交朋友，不過還是要小心，別因為感覺自己一個人也很好，就成了「一匹孤獨的狼」。

認為不交朋友也沒關係的人，多半具有我行我素、不在乎他人感受的特質，所以很容易被誤解為「怪咖」或「不懂得察言觀色的人」。

要是堅持那也無所謂、我不在乎、我行我素的態度，在缺乏與人相處的情況下長大，出了社會很可能會遭遇到許多困境。

再怎麼喜歡獨處，也應該努力培養與別人好好相處的能力。

要是完全不跟人交往，躲在自己封閉的世界裡，思考模式也會愈來愈僵化，就很容易將自己侷限在固定的框架裡。

如果想要盡情探索喜歡的事物、想學會什麼、讓自己成長，擁有願意給予建議的導師、前輩，或是與同伴切磋琢磨，與「人」互動是極度重要的。

藉由讓外在的刺激震撼到自己，可以拓展自己的活動範圍。

隨時都抱持著歡迎震撼教育的心態，以柔軟的態度讓自己可以充分接收到外在的刺激。

沒有批評的環境看似放心又安全，但是在這種溫水煮青蛙的環境裡待久了，哪一天被煮熟了都不知道。

再怎麼喜歡獨處，也不能完全對別人緊閉心門；再怎麼喜歡獨處，也要養成接受他人意見的習慣。

如果不把心打開，還可能會錯過來到眼前的機會。

彼此都希望對方開心，就是友情

朋友，是能讓自己露出笑容、讓自己充滿活力的人。

各位應該知道，這裡所說的「笑容」，並不是感覺好笑而露出的笑容，**而是讓你心情開朗、受到鼓勵，並帶來勇氣的意思**。

舉例來說，遇到什麼不開心的事，什麼話也不用說，就只是一直陪伴在身邊，這樣就很窩心了。即使分隔兩地，只要聽到對方的聲音，或是收到對方傳來的簡訊，就能得到活力。

內心會得到支持，獲得積極地繼續活下去的勇氣；可以帶來「正能量」，讓人笑著面對生活的人，才是好的朋友。

那麼，你也能讓對方露出笑容，充滿活力嗎？不只是自己露出笑容、充滿活力，希望對方也認為自己是這樣的朋友；這不是因為從對方身上得到了什麼，就必須回報，而是能否基於以下的心情來採取行動——

「希望能為對方做些什麼。」

「如果能讓對方開心，自己也會很開心。」

這代表珍惜對方，所謂的友情，就是指彼此都能有這種心情的人際關係。

明治時代的文豪夏目漱石和俳句詩人正岡子規，正是這樣的友情。兩人是第一高等中學校（相當於現在的東京大學教養學部）的同學，變成好朋友的契機是有一次聊到落語，兩個人都很喜歡去寄席[13]。

漱石去松山當英文老師的時候，子規正在接受肺結核的治療。

漱石寫信告訴子規：「我想開始寫俳句，有空的時候可以來指點一下我嗎？」為的是希望子規能做點自己喜歡的事、擅長的事，以忘記病痛。於是子規前往松山，住在漱石家裡，兩人暢談文學，就連漱石去倫敦留學期間，兩人也繼續書信往返。後來子規病得愈來愈重，每天躺在床上，苦不堪言。

漱石以幽默的筆觸向他報告自己在倫敦的近況，子規看了漱石寫給他的信，回信內容寫道：「你的來信是我最近唯一的期盼。」

其實，當時的漱石正處於神經衰弱[14]的狀態，甚至有人說「夏目瘋了」。但是為了給病榻上的子規打氣，他還是盡量寫一些快樂、開心的事。

漱石發表《我是貓》和《少爺》等小說時，子規已經不在人世，但漱石依舊選擇在與子規有關的雜誌《杜鵑》上，發表這些充滿滑稽趣味性的小說。

我認為這樣的朋友關係，最適合稱為「摯友」。

13 可以觀賞落語等大眾娛樂的場所。

14 Neurosis，精神官能症，現在細分為憂鬱症、焦慮症等等。夏目漱石在一九一六年病逝，死因為胃潰瘍。

「試著穿上別人的鞋子看看」

關係變得親密起來，是需要循序漸進的。

一開始完全不認識的人，因為某個機緣巧合開始交談後，覺得和這個人聊天好開心啊！還想再跟他說話，增加對話的機會。

聊了很多，共度許多時光，有共鳴、也知道彼此之間的差異，逐漸拉近距離，然後隨著歲月的積累，與對方的關係逐漸成熟。

就像漱石和子規並不是一開始聊起落語的話題聊得很投機，就馬上說「我們是朋友了」，而是在相處的過程中，逐漸發現自己做什麼能讓對方開心。

透過各種發生的事，不斷地增加彼此的信任，建立起兩個人深厚的情誼。

為了建立良好的人際關係，「想像力」不可或缺。

不要只從自己的心情、自己的角度出發，而是思考自己如果站在對方的立場，對方會怎麼想？這才是我說的想像力。

試著站在對方的立場，說起來很簡單，實際上你辦得到嗎？

我在某本書裡看過一句話，覺得非常貼切：「試著穿上別人的鞋子看看。」

這句話出現在《我是黃，也是白，還帶著一點藍》[15]這本書裡。作者是住在英國的美佳子·布雷迪，她和愛爾蘭人結婚，書名的意思是指由日本人與白人生下的中學生。

英國的人種、民族、貧富差距問題，比日本還嚴重，在那樣的環境下，兒子的交友關係也發生了各式各樣的問題。

在學校，兒子學到同理心（empathy）的概念後，對父母說：「老師說，我們為了克服發生在世界上許許多多的混亂，想像立場與自己不同的人、意見與自己不同的人在想什麼非常重要。所以說，要試著穿上別人的鞋子看看。」

真是一句至理名言啊！我深感佩服。

所謂想像力，或許給人憑空幻想的印象，但其實是在腦海中把現實世界看不到的事物連結起來思考的能力。

各位可以把「立場不同的人」或「將來的自己」，與「現在坐在這裡的自己」連起來思考嗎？

能夠運用想像力、充滿想像力的人，就能站在對方的立場上思考，讓人際關係變得更和諧。

15 美佳子．布雷迪著，楊明綺翻譯，悅知文化出版。

後悔的感覺，就是改變的動力

「為什麼會做出那麼愚蠢的事呢？」

各位的交友關係，或許也曾留下這樣的悔恨——

沒想太多，就做了壞心眼的事。

一激動之後，就忍不住回嘴，結果大吵一架、不歡而散。

害怕自己被針對，只好加入霸凌的行列。

這些苦澀的回憶與經驗，也不全然只有壞處。

只要將「這次一定不能再重蹈覆轍」的教訓牢記在心底，當你下次遇到

類似的情況時，就能做出不同的選擇。

暢銷書《你想活出怎樣的人生？》[16]裡，有一段主角小哥白尼背叛朋友的描寫。

小哥白尼和朋友們在下雪的校園裡玩耍時，被學長找麻煩。那時，小哥白尼嚇得全身僵硬，無法做出保護朋友的行動，他對自己的窩囊與沒用感到深深的後悔。聽完小哥白尼的懺悔，小哥白尼的母親告訴他一個自己年輕時後悔的經驗。

母親年輕時，看到有個提著大行李的老婆婆走在長長的石階上，母親想上前對她說：「我幫您提行李吧！」但終究沒有開口，這件事讓母親記了二十多年。

母親告訴他，後悔會成為自己未來的動力，所以不能忘了這次的經驗，這也是唯一不讓後悔白費的方法。

很少人能一開始就採取正確的行動，因為人都會犯錯。

可是將「那次做錯了」的經驗放在心裡，讓後悔成為內心的動力，成為足以變成「下次絕對不要再犯相同的錯誤」的動力。

沒有人不會犯錯，能記取失敗的教訓、改變自己生活態度的人，會更加的有魅力。

16 君たちはどう生きるか（漫畫版），吉野源三郎著，羽賀翔一漫畫，マガジンハウス出版。

最棒的朋友，是在人生路上一起向前

第三章為各位介紹過在《佛陀的教誨—經集》[17]佛陀說的話：「像犀牛角那樣往自己的方向前進。」

這句話佛陀在書中重複四十多次，教導我們放棄對世間萬物的執著，以獨自一人的方式走自己的路，像犀牛角那樣往自己的方向前進。

其中，只有一個地方佛陀以另一句話做出結論：

「倘若你能得到一位聰明、正直、善於與人相處的同行者，且能戰勝一切的危難，並打從內心感到歡喜，心靈也得到平靜的話，那就跟他一起走吧。」

佛陀的意思是並非要你孤身走天涯，而是能讓你打從內心感到歡喜，心靈也得到平靜的人，才示能夠相伴一生的同伴。

我仔細思考後得出一個結論，這個同伴就是能讓彼此成長、能讓自己更上一層樓的朋友——

隨時隨地擁有積極向上的精神、想讓自己變得更好的人。

擁有遠大的目標，不斷前進的人。

擁有積極向上的心態，願意為了成就彼此而產生共鳴、共振的關係。

我認為這才是最棒的朋友，就像夏目漱石與正岡子規的友情。

記得我國中時，老師跟我說過一個關於兩位畫家朋友的故事。

某一天，畫家A去拜訪畫家B，不巧的是畫家B不在家。於是，畫家A在畫家B房間裡的畫布上畫了一條線就回去了。

畫家B回到家看到那條線，立即反應過來：「我不在的時候，A來啦！」光看那條線就知道是誰畫的。

而且B看到那條線，還很興奮地說：「喔哦，A變得這麼厲害啦！我也得加把勁才行。」即使沒見到面，自己的存在本身就能激勵對方，令我大受感動，印象非常深刻。

不需要一天到晚膩在一起，就算是促膝長談、吐露了很多內心話，也不代表彼此有共鳴。

擁有能夠激勵自己、渴望進步的朋友，是至高無上的喜悅。要是能找到這種足以增強心靈能量的朋友，一定非常幸福吧！

就算目標不一樣也沒關係，只要一樣擁有積極進取的心就行了。

尼采形容過「星星的友情」：兩顆星星各自在相隔遙遠的地方相互輝映，意思是說，朋友如同夜空中閃亮的星星，即使走在不同的道路上，也能肯定彼此，各自大展身手。

孔子也說，別跟沒有上進心的人交朋友。

擁有一起奮發向上的朋友，等於是擁有人生道路上堅強的後盾，與這樣的人交流，你會開心地為對方付出，也能從對方身上獲得啟發，有助於成長。

正因為有這樣的朋友，自己的內心和生活方式也能變得豐盛，這才是真正的朋友吧！

朋友是很美好的，請不要害怕交朋友，同時也不要害怕獨處。

每個人的人生是由自己掌舵，我由衷地祝福各位，在接下來的人生都能遇到好朋友，並且互相扶持。

最後，請讓我為各位搖旗吶喊：「孩子們，成為充滿熱情的箭矢吧！」

17　ブッダのことば―スッタニパータ（佛陀的教誨―經集），中村元譯，岩波文庫出版。

第七章

縮短心靈距離的互動技巧

線上線下不尷尬、不冷場的方法

各位都聽過「社交距離（social distancing）」吧？這是為了防止Covid-19擴大感染，禁止與旁人進行「親密」接觸，保持物理距離的規定。[18]前後至少要距離一公尺，盡可能與旁人拉開兩公尺左右的間隔，以降低染疫風險，各位對於社交距離應該並不陌生。

我們的社會是以許多方式與人建立關係而成立，當發布疫情警戒要求民眾非必要不得外出時，獨居的大學生說：「我很不安，好孤獨。」

大學停課，不能進學校、也暫停所有社團活動；打工的地方都停業了，也沒辦法去打工；見不到朋友，當然也回不了家。

只能透過社群網站的隻字片語，勉強與人建立連結。

「誰都可以，我好想跟別人聊天，笑著聊一些無關緊要的話。」他說這是他打從心底的渴望，**再也沒有比與社會斷絕聯繫更令人感到孤獨的事了。**

從 Covid-19 疫情蔓延，到研發出疫苗及治療的藥物，經歷了一段非常漫長的對抗時期。

雖然目前疫情趨緩，各國國境陸續解封，但 Omicron 仍不斷產生變異株，疫情也極有可能再次死灰復燃，今後可能會再斷斷續續地發布、解除全國疫情警戒，行動受到限制，社交距離也會持續下去。

即使回到學校上課，大概也不會再跟以前一樣，把課桌椅排得密密麻麻的，也不能拿下口罩，必須隨時留意與朋友間的距離。

正因為無法實際地接近彼此，才想縮短「心的距離」，這需要一點技巧。例如在跟大家視訊時，明明想更活潑地與大家聊天，表情卻僵在臉上，無法開心地自然聊天。

簡單地說，在線上視訊聊天時，所有人都變成螢幕上的人了。我參加過電視節目的演出，所以知道上鏡好不好看不只是外表給人的印象，別人做球給自己時，自己的反應和音調、說話方式都有技巧。只要習慣了，任何人都能辦到。就像受歡迎的 YouTuber，不只了解該怎麼拍出大家都想看的影片，對於講話方式、表現手法要如何吸引人，也很有一套心得。

在線上視訊聊天的時候，只要能仔細掌握說話的重點，就能改變別人對自己的印象。趁現在儘早學會說話的技巧，將來就能自信滿滿地與人溝通。

該如何與親近的人縮短「心的距離」呢？接下來就跟大家分享這七個互動技巧。

18 原書的出版時間為二〇二〇年八月，正是 Covid-19 在日本乃至全世界，最為嚴重的疫情初期。

引起好感、留下好印象的七個互動技巧

（1）說話洪亮清晰，打造活力滿滿的存在感

從身體發出的聲音，能顯示出一個人的能量強弱，即使說話內容再好，如果音量太小，對方也聽不見。

在錄電視節目的時候，大家的音量都很大，明明別著麥克風，就算聲音不大也能聽得很清楚。但如果講話聲音太小，就沒有霸氣，無法給人神采奕奕、充滿活力的印象。

聲音也有所謂的氣勢，聲音充滿氣勢的人比較有存在感，這點大家都很

清楚，所以講話都很大聲。

不用特別練習，**只要養成提醒自己深呼吸、口齒清晰地說話，應該就能辦到了。**

(2) 肢體語言誇張一點，加速彼此的互動

隔著口罩對話或是線上視訊時，很難明確理解對方的表情，此時，可以用稍微誇張一點的肢體語言，讓對方比較容易接收到你的感受。

舉例來說，並肩同行邊走邊說話時，要附和的時候不用一直點頭，光是小聲「嗯、哦」地附和，就能讓對方理解，你是認同他的。

可是一旦戴上口罩，就聽不清楚也看不見對方的表情，視訊的影像也同樣看不清楚。

如果誇張地點頭，做出明顯的肢體動作，會更好喔！

說話時加入手勢或動作，可以表現出「想讓對方理解」的心情，我經常

告訴學生：「可以像義大利人的說話方式一樣。」

我觀察到，義大利人講話時的手勢非常誇張，表達力非常豐富，想像自己跟義大利人一樣的說話特徵，表現得比平常「再誇張一點」，這麼一來，聲音和朝氣都能「更 high 一點」。

（3）適時地附和，提升溝通好感度

看著對方的眼睛、面露微笑、明確地點頭、輕聲地附和——這些都是讓人心情愉悅的對話基本態度。

首先，請好好地看著對方的眼睛，對方發言時，也要直視他的雙眼。

線上上課時如果一直傻笑，老師可能會覺得你怪怪的，因此笑容也要適時調整，基本上，對話時請面露微笑，保持溫和的表情。

另外，聽對方說話也要時不時地點頭、附和，點頭的時候要記得動作盡量明確。

附和代表你心有戚戚焉，具有炒熱話題的效果。

「嗯嗯、這樣啊」、「原來如此」、「啊！我懂」、「說的也是、我也這樣覺得」、「好厲害啊、很讚耶」，當聆聽的人在恰到好處的空檔這樣附和，說話的人也比較容易接著說下去，對話就會很順暢。

日本的搗麻糬，加水的人稱之為「合手」。只要合手加水加得夠快，搗麻糬的人就能手腳俐落地搗麻糬，這與附和是相同的道理。

這一切都是意識上的交流，看著對方的眼睛，就像告訴對方「我在跟你說話、我聽進去你說的話了」。

而點頭和附和，能給人安全感，「啊，這個人有在聽我說話。太好了」。

不只對話的內容，也要以視線及表情、小動作等言詞之外的方式與對方心靈相通。

這麼一來，就能產生「聊得很開心」的心情，讓對方產生親切感。

正值青春期的國、高中生大部分都很害羞，不敢看著別人的眼睛說話，這都是還不習慣。

只要及早練習、克服這個障礙，接下來就很輕鬆了。

(4) 主動打招呼後的下一句話，才是拉近距離的關鍵

打招呼是與對方建立良好關係的基礎，是為了讓對方知道「我不是你的敵人」。

如果想跟對方更親近、拉近心的距離，可以主動開口，讓對方知道自己已經敞開心門。

這時，聲音的氣勢也很重要，要用有力度的聲音說話。

如果發出聲音還被無視的話，會很傷心吧？但對方可能真的不是忽略你，或許只是沒聽見而已。

太小聲的話，對方聽不見的風險也很高，為了避免這樣的狀況，口齒清晰地出聲說話會比較好。

「〇〇同學，早安。」直接喊名字打招呼，對方一定能聽見。

不過，接下來才是重點，**不是打完招呼就結束了，還要再多說一句話。**

一開始只是無關痛癢的話題也沒關係，如果不知道該說什麼才好，聊天氣也無妨。

天氣的話題不會傷害任何人，而且大家都能很快地對此產生共鳴。

打完招呼後，隨即提出深入私領域的話題非常危險，要是沒有先讓對方覺得「跟你說話很開心」，就無法縮短距離。

尤其是在變得更親密以前，先提醒自己不要擅自闖入對方的疆界，要是不小心踩到「地雷」，可就難以挽回了。

除了天氣以外，還可以聊一些比較輕鬆、有機會成為共通話題的事，像是現在流行什麼、美食、電影的話題、發生什麼有趣的事、當時彼此眼前看到的事物等等。

找到能引起共鳴的點，接下來就很容易聊下去了。

（5）想一個朋友之間才知道的默契手勢

點頭或附和能表現認同、支持對方的意思，但我更建議用鼓掌來表示。

鼓掌不但能用來表示贊同、支持、喝采，還能用來表示感謝，是全世界共通非語言的溝通橋梁。

在英國曾發起「為醫護人員鼓掌」（Clap for Carers）活動，為感謝在醫療第一線工作的人員拯救感染 Covid-19 的患者，送上暖心的掌聲，在約定好的時間，從自家的窗戶、露台、屋頂等地，獻上感謝與支持的掌聲。

這個鼓舞人心的活動，全球有許多國家也一起響應，日本有的地方也會這麼做。

如果有人在視訊時說了你認同的話，你可以點頭、鼓掌說：「沒錯！」或許對方聽不見拍手的聲音，但是透過影像可以清楚看到拍手的樣子；**利用**

身體的表現動作，可以表達感受。

不只拍手鼓掌，這七個交際互動技巧，都是利用身體表現出反應。**身體反應和回答是與人交流時的「應對」，跟應對得宜的人在一起很舒服**，會成為對方心目中「感覺舒服的人」，好感也會油然而生，為了縮短心的距離，能對人做出細心的反應非常重要。

為了防止Covid-19疫情擴大而避免握手和擁抱的肢體接觸後，人們開始改用手肘碰手肘的方式打招呼，那也是利用身體來表現的應對方式。

我們也可以用這種打招呼，玩得開心時就用手肘碰手肘的方式表達歡樂，或許也可以用來當成「明天見」的問候。

面對無法抵抗的逆境，我們總是能夠想出創新的替代方案，如果你能夠設計出自己人才懂的打招呼方式，同伴間一定能玩得更歡樂。

(6) 能配合他人的節奏，也能保有自己的步調

縮短心的距離，最好的應對之道就是彼此同步。

一起跳舞、一起唱歌、一起彈奏樂器時會產生整體感，因為是配合彼此身體的律動、配合彼此的步調。

你們也有過類似的經驗吧？無論是跳舞還是演奏樂器，起初隨著各自的節奏亂成一團，但是隨著一次次練習，呼吸節奏會逐漸合而為一。

當彼此合拍的瞬間，還會有一股舒爽的感覺，感謝大家「真是最棒的夥伴」。

若能體會到與其他人步調一致的整體感，內心將會湧出莫大的喜悅。

需要兩人一起組隊比賽的羽毛球或桌球也是，配合彼此的步伐極為重要。並不是非得要同步做出相同的動作，只是如果無法配合隊友的節奏，容易失誤連連。

需要團隊合作的足球或排球等也是，傳球的頻率如果對不上，就很難有出色的表現。

相聲及短劇也一定要同聲同氣地才好看，節奏才會流暢。

「配合氣息、配合呼吸」，通常是用來表達步調一致，但實際上也意指配合對方呼吸的節奏。

一旦能配合對方呼吸的節奏，無論跟別人一起做什麼事都能夠很有默契。

感覺「走路」好像不需要任何道具或技術，對嗎？

請跟家人或朋友一起散步看看，為了以相同的步調前進，必須感受對方的步伐及速度，配合對方。

只要感覺對方的呼吸，配合對方呼吸的節奏，就能踏出一樣寬的腳步，產生令人心情愉悅的一體感。

這時如果太迎合對方，可能會失去自己的步調，變得痛苦、心煩意亂。

重點在於配合別人的節奏時，也要保持自己的節奏，也就是要一面感受對方的步調，一面做出調整。

懂得感受對方的步調並與之同步，這樣的協調力一輩子都受用。

能與其他人同步，是為了能與對方好好相處的關鍵因素。不過，你可能會認為合不合得來是性格的問題，沒有辦法強求吧？

沒錯，是否氣味相投也跟性格有關係，但人與人之間合不合得來，其實也可以因為配合對方的步調而改善關係。

如果能夠減少合不來的人，不是更好嗎？

(7) 別讓言語變成傷人的兇器

有本事說笑話逗大家開心的人，很容易成為人氣王。

我很肯定這種為了不讓場面陷入尷尬而願意取悅別人的態度，但是，絕對不能以傷人的方式炒熱氣氛。

徵等等。也不能因為想逗大家笑，就故意調侃別人感到自卑的地方或身體上的特

似乎有人認為「取笑」與霸凌是兩回事，但全世界只有以逗樂別人為職業的搞笑藝人，才有犧牲自己被大家取笑的好處。

希望各位都能牢牢地記住這一點，請務必養成思考「聽到這句話，對方會怎麼想」的習慣。

「假如我站在對方的立場？假如我最在意的地方被別人拿來取笑、成為笑柄，我將做何感想？」

只要稍微想一想，我猜大家心裡都有答案了。

倘若都沒想到言語帶來的毒性、傷害別人的危險性，這種人肯定缺乏「換位思考」的能力。

十幾歲的青少年很容易心裡想到什麼，就直接地說出口——

「我從以前就覺得你穿衣服的品味好差。」

「你最好改一下自己的個性。」

各位是否也說過這種話呢？

「什麼？我只是實話實說而已，有什麼不對呢？」

如果你這麼想，那就真的要注意了。

實話實說沒有錯，錯的是說話的方式不對。就算是誠實的意見，如果會讓人覺得不愉快、會傷害到別人，就不該毫無修飾地說出口。

正所謂「說者無心，聽者有意」，**如果不想說出失禮的話，就必須好好練習說話的技巧**。

口無遮攔、直言不諱，對你沒有任何好處。

那麼，該怎麼改掉這個習慣呢？**首先要思考該怎麼說話，才能縮短與這個人「心的距離」**。

不要對還不熟的人說出失禮的話，即使是想到什麼就馬上說出口的人，也要稍微選擇一下用詞，思考怎麼說才不失禮。

平常就要提醒自己，以免禍從口出。言語具有鼓勵別人、給別人勇氣的力量，然而只要用錯方法，言語就會變成兇器。

請盡可能快點改掉想說什麼就說什麼、像是揮舞著兇器的壞習慣。

別都怪性格，要用行動來改變

把做不好的事全部推給「都是因為個性」的人，其實還不少。

有人會說，「知道打招呼很重要，但我性格內向，即使想主動打招呼也提不起勇氣。」

但是，打招呼與性格沒什麼太大的關係，**打招呼是一種「反應」，如果做不到，是因為身體的反應力變差了。**

舉例來說，在打工的地方練習如何接待客人，每天笑著對客人說「歡迎光臨」的人，平常在生活中也會產生自然而然打招呼的身體反應。

只要練習反應的能力，就算性格沒有改變，應該也能輕鬆做到。

明星或搞笑藝人中，有很多人經常說：

「我其實是很鑽牛角尖的性格，不擅長跟別人聊天。」

「我的性格很怕生，根本不像外表看的這麼開朗。」

既然如此，為什麼還能站上五光十色的舞台大顯身手呢？這是因為他們努力地鑽研如何在人前說出有趣的談話、逗人大笑的技能。

不要試圖改變自己的性格，而是透過學會技巧與藝術來完善自身，性格就不是問題了。

不要再把自己做不好的原因全都怪到性格頭上，一旦認定是性格使然，就很容易落入「因為性格如此，所以也難以改變……」的迷思。

只要想成「我只是還欠缺這方面的技巧而已」就行了，技巧、技能只要練習就能學會，也就能夠閃閃發光。

只要改變平常的「行為」，人就會改變。

這七個與人拉近距離的互動技巧都是非常具體的行為，重點在於是否真的付諸行動。如果不做就永遠學不會，做了就能改變。

我深深地希望，有更多人都能與自己想變成好朋友的人成為「好朋友」。

—結語—

未來的世界，需要自主行動的勇氣和決策力

二〇二〇年春天，Covid-19 的病毒引起全球性的疫情，原本平穩的日常生活突然卡住了。

學校停了將近三個月的課。

畢業典禮、開學典禮及其他各式各樣的儀式及活動都停止了。

對社團活動也造成影響，原本心心念念要奪冠的比賽暫停舉行，我猜也有很多人受到重大的打擊。

這或許會讓人一直處於不安、意志消沉的狀態，但年輕的各位，請不要

失去希望，更不要放棄，不要以為再怎麼努力也沒用。

請不要停止思考，更不要認為想再多也無濟於事。

當然，我們都希望疫情不要再繼續擴散，Covid-19 奪走心愛之人的性命、也奪走青春的回憶等重要儀式或活動。

但無論發生什麼事，都不會全都是負面的。

即使是 Covid-19 疫情也不例外，雖然造成全世界動盪不安，卻也讓我們想要尋找更好的方法、摸索在這種情況下可以做什麼樣的改變。

提到「社交距離」，全世界的人都知道這是為了什麼、該怎麼做。世界各地思想及宗教、文化都不一樣的人們，都努力遵守相同的行為規範，其實是非常劃時代的創舉。

利用網路與他人視訊、線上學習、遠距在家工作（Working From Home，WFH）的概念也快速地超展開。

從今以後，必須獨自在各種不同的情況下，選擇是要「現場辦理」還是「線上辦理」的時代即將來臨。

是要去學校上課，還是在線上學習；是要直接去見想見的人，還是上網用視訊聊天就好了。

人生的選擇將愈來愈豐富，也獲得開拓未來各種可能性。

為了在接下來的時代生存下去，重點在於「擁有自我」。

每個人的行動力與自主性將受到很大的考驗，是否能不要等待別人的指示，先自己思考、行動呢？

我認為，這個關鍵在於「獨處的勇氣」。

不怕獨處的心、享受獨處的心，是與人相處融洽時至關重要的因素，同時也是自己生存之道的主軸。

Covid-19 雖然為全世界帶來了災難，但是請以積極正向的態度面對因此所造成「與過去不一樣的地方」，努力適應，讓變化成為自己的後盾。

這個危機雖然讓人受盡折磨，請各位努力地度過難關。

你們還年輕，想法也很有彈性，希望大家都能保持心靈柔軟，以「更好的自己」和「更好的世界」為目標，努力地活下去。

二〇二〇年七月

齋藤孝

富能量　097

什麼是真正的朋友？

相處起來愉快，彼此有分寸、低內耗的人際關係

作　　者：齋藤孝
譯　　者：賴惠鈴
責任編輯：賴秉薇
文字協力：楊心怡
封面設計：BIANCO TSAI
內文排版：王氏研創藝術有限公司

總 編 輯：林麗文
主　　編：高佩琳、賴秉薇、蕭歆儀、林宥彤
行銷總監：祝子慧
行銷企畫：林彥伶

出　　版：幸福文化／遠足文化事業股份有限公司
地　　址：231 新北市新店區民權路 108-3 號 8 樓
網　　址：https://www.facebook.com/happinessbookrep/
電　　話：（02）2218-1417
傳　　真：（02）2218-8057

發　　行：遠足文化事業股份有限公司（讀書共和國出版集團）
地　　址：231 新北市新店區民權路 108-2 號 9 樓
電　　話：（02）2218-1417
傳　　真：（02）2218-8057
電　　郵：service@bookrep.com.tw
郵撥帳號：19504465
客服電話：0800-221-029
網　　址：www.bookrep.com.tw

法律顧問：華洋法律事務所　蘇文生律師
印　　刷：東豪印刷事業有限公司
電　　話：（02）8954-1275
初版一刷：2024 年 6 月
定　　價：360 元

漫　　畫：© 羽賀翔一／コルク
構　　成：阿部久美子

什麼是真正的朋友？：相處起來愉快，彼此有分寸、低內耗的人際關係／齋藤孝著；賴惠鈴譯 . -- 初版 . -- 新北市：幸福文化出版社出版：遠足文化事業股份有限公司發行，2024.06 面；　公分 . -- (全民教育學者齋藤孝的「人生教育」系列；3)
　面；　公分
ISBN 978-626-7427-59-0(平裝)
1.CST: 友誼 2.CST: 人際關係
195.6　　　　　113004967

讀者回函卡

感謝您購買本公司出版的書籍，您的建議就是幸福文化前進的原動力。請撥冗填寫此卡，我們將不定期提供您最新的出版訊息與優惠活動。您的支持與鼓勵，將使我們更加努力製作出更好的作品。

讀者資料

●姓名：＿＿＿＿＿＿ ● 性別：□男　□女　●出生年月日：民國＿＿年＿＿月＿＿日

●E-mail：＿＿＿＿＿＿＿＿＿＿

●地址：□□□□□ ＿＿＿＿＿＿＿＿＿＿

●電話：＿＿＿＿＿＿ 手機：＿＿＿＿＿＿ 傳真：＿＿＿＿＿＿

●職業：　□學生　□生產、製造　□金融、商業　□傳播、廣告

□軍人、公務　□教育、文化　□旅遊、運輸　□醫療、保健

□仲介、服務　□自由、家管　□其他

購書資料

1. 您如何購買本書？□一般書店（　　　縣市　　　　書店）

　□網路書店（　　　　書店）　□量販店　□郵購　□其他

2. 您從何處知道本書？□一般書店　□網路書店（　　　　書店）　□量販店　□報紙□

　廣播　□電視　□朋友推薦　□其他

3. 您購買本書的原因？□喜歡作者　□對內容感興趣　□工作需要　□其他

4. 您對本書的評價：（請填代號 1. 非常滿意 2. 滿意 3. 尚可 4. 待改進）

　□定價　□內容　□版面編排　□印刷　□整體評價

5. 您的閱讀習慣：□生活風格　□休閒旅遊　□健康醫療　□美容造型　□兩性

　□文史哲　□藝術　□百科　□圖鑑　□其他

6. 您是否願意加入幸福文化 Facebook：□是　□否

7. 您最喜歡作者在本書中的哪一個單元：＿＿＿＿＿＿＿＿＿＿

8. 您對本書或本公司的建議：＿＿＿＿＿＿＿＿＿＿

請沿虛線剪下，黏貼好後，直接投入郵筒寄回

廣 告 回 信
臺灣北區郵政管理局登記證
第 14437 號

請直接投郵，郵資由本公司負擔

23141

新北市新店區民權路 108-3 號 8 樓

遠足文化事業股份有限公司　收

什麼是真正的朋友

友だちってなんだろう？

ひとりになる勇気、人とつながる力

〈全民教育家〉齋藤孝——著

賴惠鈴——譯

幸福文化　書名　什麼是真正的朋友？　富能量 097